Christian Frautschi

Zappel ist gestorbt

Ab in die Ritalin-Box

Goldfeder-Verlag

Internet: www.goldfeder.ch
E-Mail: info@goldfeder.ch
Satz: Reto Mächler | Grafik Web Design
Umschlag: Otto Dürst

Gesetzt aus der Filosofia von Zuzana Licko
Herstellung: CPI books GmbH, D-89075 Ulm

1. Auflage 2015
ISBN 978-3-905882-09-4

Wer ist Zappel?

Zappel nenne ich den früheren Zappelphilipp. Das junge Mädchen oder den jungen Knaben, der sich nicht konzentrieren kann in der Schule oder in der Gesellschaft. Er ist geistig oder körperlich immer aktiv und am Herumzappeln. Ja, die Zappelphilippe werden oft als Lausebengel betitelt, oder man sagt, sie seien dem Teufel vom Karren gefallen. Die frühere Gesellschaft konnte solche Kinder noch integrieren, oder man fand sonst einen Weg, dass sie sich selber sein durften, sofern dies irgendwie tragbar war für die «normalen» Erdbewohner.

In der heutigen Zeit sind solche wunderbaren, bildlich denkenden, sensitiven Menschlein nicht mehr tragbar. Speziell im heutigen Schulsystem sind diese Mädels und Jungs nicht mehr erwünscht. Wir haben keine authentischen Erdbewohner, Eltern, Lehrerinnen und Lehrer mehr, die solche Kinder in den Griff bekommen können. Respektive uns einfach so nehmen, wie wir sind. Klar ist da auch zu sagen, dass die Anforderungen an die Pädagogen extrem gestiegen sind und dass sie auch diversen Eltern, die sich ins Schulsystem einmischen, gerecht werden müssen.

Die Gesellschaft hat sich verändert und die tollen Wesen sind so nicht mehr tragbar. Sie haben Namen in Form von Krankheiten bekommen. Sie haben jetzt

ADS oder ADHS, sind Legastheniker oder was auch immer. Ja, und eine Krankheit muss man behandeln, sagen dann die Medizin-männer und -frauen.

Das Resultat: Man steckt diese Kinder in die Medikamenten-Box. Also, ab in die Ritalin-Box, oder seit neustem in die Strattera-Box.

Lieber Leser, liebe Leserin, diese Zappels sind wohl teilweise nicht immer leichte Kost in der Gesellschaft, sie haben aber trotzdem das Recht, als «gesund» angesehen zu werden. Sie dürfen bestimmt als «anders» betitelt werden, doch hat dies mit einer Krankheit absolut nichts zu tun. Noch viel besser wäre es, wenn man sie als Herausforderung für unsere Gesellschaft und unser System ansehen würde. Sie sind oft auch einfach der Spiegel unserer Gesellschaft, unserer Zeit. Alles ist schnelllebiger, digitaler, materieller als noch vor zwei bis drei Jahrzehnten. Der Ausgleich findet nicht mehr in der Natur oder bei Gesellschaftsspielen statt. Früher gab es keinen schulpsychologischen Dienst, zu dem man Kinder hinschicken konnte. Der Familienverbund hatte einen viel grösseren Stellenwert. Die ganzen Gesellschafts-Hierarchien waren viel gestraffter. Es wurde aber auch von den Eltern her viel weniger Einfluss genommen in den Schulen. Man gab den Pädagogen viel mehr Verantwortung, die sie meist auch wahrnahmen, auch wenn manchmal etwas zu streng. Ja, zu guter Letzt hatten wir auch nicht so viele Ausländer in unser System zu integrieren wie heute. So haben

Schulen diesbezüglich Auflagen bekommen, um diese Kinder in unser System zu integrieren. Dies wurde sogar gesetzlich geregelt. Es stehen heute in solchen Fällen viele Heilpädagogen zur Verfügung, die sich um diese Integration kümmern dürfen. Auf der anderen Seite wäre es aber dringend notwendig, sich um unsere Zappels zu kümmern, die sonst immer mehr auf der Strecke bleiben. Für die gibt es leider immer mehr nur eine Lösung, die heisst eben Ritalin-Box. Diese wird bereits schon sehr früh eingesetzt. Die Kosten tragen die Krankenkassen, da die Zappelphilippe ja einen Stempel mit dem Wort «krank» aufgedrückt erhalten haben.

Diese Ritalin-Box führt in den meisten Fällen aber leider dazu, dass sich die Entwicklung dieser Kinder und Jugendlichen erheblich verlangsamt. Die Emotionen wie auch das rebellische Verhalten, das bei der Persönlichkeitsfindung ein sehr wichtiger Bestandteil ist, werden unterdrückt. All dieses Aufgestaute kommt meist viel später wieder zum Vorschein. Viele Ritalin-Box-Kinder werden später kriminell!

Ich «google» mal schnell «Ritalin – Nebenwirkungen». Hier nur einer von 993 000 Einträgen:

Die amerikanische Drogenbehörde DEA stuft Ritalin als ebenso gefährliche Droge ein wie Heroin und Kokain. Ritalin macht ebenso stark abhängig und kann sich mit seinen Nebenwirkungen locker mit Crack messen. Mittlerweile sind weltweit Millionen von Menschen – meist Kinder und Jugendliche – ritalinsüchtig. Für den Hersteller Novartis ist das ein Milliardengeschäft. [...] Die US-Army jedenfalls nimmt keine Rekruten auf, die Ritalin einnehmen. Für dienstuntauglich wird sogar erklärt, wer nur als Kind Ritalin bekam und die pharmazeutische Droge inzwischen nicht mehr nimmt.

Dies ist auch in der Schweiz so!

Abrechnung?

Dieses Buch ist keine Abrechnung gegenüber jenen, die uns nicht verstehen, nein, weit gefehlt, es ist ein Hilfswerkzeug, um uns besser zu verstehen. All das, was ich selbst - und auch mit meinen Spiegelbildern, meinen Kindern - erlebt habe, hat mich sehr wohl so oft wütend gemacht. Aber es hat mich auch weiter gebracht, zu dem gemacht, was ich heute bin. Also bin ich ebenso dankbar!

Ich, Christian Frautschi, habe all diese Stempel auch bekommen. Ich soll ein Mensch mit ADS sein, ein Legastheniker, ein Indigo-Kind, ein Hochbegabter und was zum Kuckuck auch immer. Zur Zeit meiner Kindheit jedoch kannte man diese Stempel und die Ritalin-Box noch nicht, aber ich konnte auch mit hartem Dickschädel mehr oder weniger MICH sein. Sicher habe ich sämtliche Lebenslagen und Situationen erlebt: vom armen, dummen Jungen aus dem Bergdorf bis zum materiell reichen Mann, vom Träumer bis zum Macher dieser Welt als Unternehmer und Manager, dann wieder zum Bettler ohne Geld und Bett und schliesslich zum erfolgreichsten Therapeuten der Schweiz, der auch im Ausland tätig ist und materiell zufrieden lebt.

Ach, alles war so voll mega krass anstrengend, aber doch so voll mega krass erlebnisreich. Meine Bücher sind Bestseller, süffig und bildlich geschrieben. Halt eben, wie ein Zappel ist und schreibt. Ich bin froh, dass die «Ritalin-Box» früher noch nicht so aktiv eingesetzt wurde.

Heute, da ich als Ü-50er dieses Buch zum x-ten Male überarbeitet habe und es inklusive kostenlosem Hörbuch neu herausgebe, bin ich zu dem geworden, von dem viele träumen: zu einem Menschen mit Ecken und Kanten. **Ich liebe das Leben in meinem Sosein!**
Dein Zappel, Christian ohne Box, und nicht gestorbt …
Und bestimmt keine Schlaftablette …

Inhaltsverzeichnis

Liebe Leserin, lieber Leser, dieses Buch beginnt gleich mit etwas Ungewöhnlichem. Es gibt kein Inhaltsverzeichnis!

Warum? Ich möchte dich dazu bewegen, mitzudenken, dir die wichtigen Dinge im Buch zu markieren, es zu deinem persönlichen Buch zu machen. Ich möchte, dass du es vom Anfang bis zum Schluss liest, denn nur so wirst du es am besten verstehen können. Es ist systematisch aufgebaut, jedoch möchte ich dir das System nicht erklären! Weil es nichts zu erklären gibt, sondern nur zu erfahren. Ich habe im Leben oft meine Lehrer nicht verstanden und sie wussten nicht warum – ich wusste es oft auch nicht. Heute bin ich Schüler und Lehrer in einem und freue mich auf den Inhalt im Abenteuer Leben, ohne Inhaltsverzeichnis – aber mit umso mehr Inhalt.

28. Oktober 2004, Vollmond, Mondfinsternis...

Vollmond, einmal mehr ein Beginn respektive ein Ende eines Zyklus. Ich sass gestern Abend in der Pizzeria Il Faro (der Leuchtturm) am schönen glitzernden Zürichsee. Der volle Mond hing märchenhaft über dem gegenüberliegenden Hafen von Herrliberg und lachte frech zu mir herüber. Vor mir auf dem Tisch ein Buch, um das Warten auf die feine Pizza Calzone zu verkürzen, es handelte von sensitiven Kindern.

Und plötzlich war ich einmal mehr wie verwandelt. Tränen flossen aus meinen Augenhöhlen. Wieder ein Buch von einem strukturierten, gelerntes Wissen niederschreibenden Autor... Er schreibt von Legasthenikern, Kindern mit ADHS, Kristallkindern, Y-Kindern, Indigos, Hochbegabten oder Kindern der neuen Zeit, etc. Er beschreibt aus der Sicht eines Nichtbetroffenen unsere Charaktere und Verhaltensmuster, ohne zu wissen, wie wir wirklich sind. Einerseits war ich wütend, andererseits ratlos. Doch dann sagte eine Stimme zu mir:

«Christian, reg dich nicht auf, wenn andere schreiben, die euch nicht verstehen. Steh auf, geh nach Hause und schreib selbst.»

Und so sitze ich hier und schreibe, bei Vollmond. Bei einem besonderen sogar, es erwartet uns eine

Mondfinsternis. Vollmonde begleiteten mich schon oft an wichtigen Tagen in meinem Leben, obwohl es mir in der Vergangenheit nicht immer bewusst war. So hatte ich auch damals, bei Vollmond am 17. Februar 2003, mein erstes Buch, Die Wirbelsäulen-Seele, zu schreiben begonnen. Ich denke, auch dieser Vollmond wird mir ein gutes Omen sein.

(Mond-)Finsternis, ja, das erleben viele Kinder und (später) Erwachsene, die sich mit dem gleichen Geschenk herumschlagen dürfen.

Viele sensitive Kinder, egal welchen Stempel sie aufgedrückt bekommen, kennen die Situation, dass die Welt einem im Wege, vor der Sonne steht, nur zu gut.

So oft hätten wir die warme, helle Sonne gebraucht, wenn wir uns mit den Schattenseiten unseres Daseins befassen durften, mussten. Sehr oft verschlossen wir uns dann halt, waren verschlossen wie die Pizza Calzone, die vor mir auf dem Teller lag, am Abend dieser Mondfinsternis-Nacht.

So werden wir dann als unerklärbare Schatten gesehen oder aber wieder als die Kinder von morgen, Sternen-, Kristallkinder oder was auch immer.

_ Wollen wir spezielle Kinder sein?
_ Wollen wir die Kinder von morgen sein?
_ Wollen wir die Welt verändern?
_ Wollen wir anders sein als alle anderen?

Es gibt eine ganz klare Antwort:
Nein! Wir sind so, wie wir sind, in unserem Sosein!

VORGESPANNTES GEDICHT-LICHT

Vollmondschein begleitet die Nacht
Hat das Licht eine Kraft
Die weisse Kugel trägt einen Kranz
Mücken machen den Laternentanz
Licht und Liebe steckt in der Luft
Glück glitzert als zarter Duft
Leben ertönt aus den Bäumen
Diesen Zauber wir träumen
Der Mondschein glitzert über dem See
Der Lichtschweif endet, wo ich steh
Wellen klatschen an die Steine
Ich sitze hier und weine
Lichtwellen für die Steine
Wer versteht, was ich meine

So wird bald erleuchten meine Seele
Geborgenheit so gross wie Weltmeere
Der Mondschweif bildet eine Brücke
Schliesst er in unserem Herzen eine Lücke
Lass mich sein dein Vollmond in der Nacht
Du sei am Tag meine Sonnenpracht
Die Brücke für unser Denken als Indigokind
Wirst du finden in diesem Buch bei lauem Wind
Wie der Leuchtturm über die Weltmeere wacht
Wacht der liebe Gott über diese helle Nacht
Ich habe Mut und öffne mich
Nimm dieses Buch, es ist für dich
Ist dein Tag erwacht
Hat bereits ein sensitives Kind an dich gedacht

RITALIN-BOX-NEWS

Liebe Leserin, lieber Leser,
In der Presse wird immer viel geschrieben zum Thema ADHS und Ritalin. Als kleine Zwischeneinlage schiebe ich dir via Ritalin-Box-Seite Informationen ein, die irgendwo in den Medien dazu geschrieben wurden. Es sind auch Berichte von den politisierenden Menschen in verschieden Parlamenten.

Ja, es dürfen andere Meinungen über sensitive Kinder und Erwachsene geschrieben werden. Ich lasse solche Meinungen gerne stehen, auch wenn sie für einen Betroffenen manchmal verdammt schmerzhaft sind.

Mein Unverständnis gegenüber solchen Berichten ist nicht die «andere» Meinung, sondern dass wir einfach mehr dieser Welt zu genügen haben. Eltern, Pädagogen und später die harte Businesswelt entziehen sich immer mehr ihrer Verantwortung. Wir haben zu genügen, uns anzupassen. Eltern wollen ihre Ruhe, Lehrer wollen brave, ruhige Kinder, die Geschäftswelt will Arbeitnehmer, die einfach nur ihre Arbeit machen, ohne dabei aufzufallen. Aber da kommt immer mehr die andere Seite. Studenten an Fachhochschulen, die mit Hyperaktivität überhaupt nicht in Zusammenhang gebracht werden, nehmen seit Jahren vermehrt Medikamente, um konzentrierter lernen zu können. Sie benutzen Ritalin, um den hohen Anforderungen gerecht zu werden. Ja, diese angehenden Akademiker bestimmen Jahre später, was für uns gut sein soll.

Es liegt da ja wohl auf der Hand, dass dann später die Hemmschwelle tiefer ist, einem zappeligen, lebendigen, fantasievollen Kind zum Beispiel Ritalin zu verschreiben.

Warum schreibe ich dieses Buch?

Weil ich vom lieben Gott die Aufgabe bekommen habe, Aufklärungsarbeit, Verständigungsarbeit zwischen zwei Welten zu leisten – für diese speziellen Kinder und Erwachsenen, die einfach nur etwas bewegen wollen.

Wer kann etwas für und über sie schreiben? Psychologen? Psychiater? Oder irgendwelche anderen Menschen, die das Gefühl haben, sagen zu können, wie wir sind?

Nein. Ein Buch über das Denken eines sensitiven Menschen kann nur ein solcher Mensch selbst schreiben!

Und so mache ich nicht mehr länger die Faust im Sack über das bereits Geschriebene, das aus der Sicht der anderen geschrieben wurde, sondern mache es selbst – heute, jetzt.

Sicher stimmen die Ansätze teilweise, die in schon veröffentlichten Büchern über Legastheniker, Hochbegabte, ADS-, ADHS-, Indigo-, Kristall- und Y-Kinder oder wie sie alle heissen sollen und den Umgang mit ihnen geschrieben wurden, aber es kommt noch nirgends die richtige Botschaft, das Denken und Empfinden eines solchen Menschen zum Zuge.

Und so wurde mir dieser erste Gedanke geschenkt, zugetragen in der Pizzeria Il Faro, in Gedanken an einen göttlichen Leuchtturm. Die vielen Geistesblitze, die der Leuchtturm verbreitet, sollen jedem den Weg zeigen, zu sich nach Hause in seinen Hafen der hochbegabten Seele zu finden.

So schrieb die goldene Feder von Zappel-Christian …

Sommer 2008

Dieses Buch war bereits zu Ende geschrieben, da erlebte ich eine Geschichte, die typisch für uns ist und demzufolge auch für dieses Buch.

Ich lieferte mein Manuskript bei meiner (damaligen) Verlegerin ab, die bereits mein erstes Buch herausgebracht hatte. Postwendend hagelte es Fragen und Kritiken: «Wieso schreibst du das? … Du kannst das so nicht schreiben, damit bist du angreifbar … Weiss der erwähnte Topmanager, dass du ihn als hochbegabt bezeichnest?» Und so weiter.

Es wurden Passagen gestrichen, zum Thema Partnerschaft oder Ähnlichem. Ich schaute mir das alles an, ohne Emotionen, und stellte fest, dass es Kritiken und Anregungen waren, die von einer strukturiert denkenden, sicherheits- und regelbehafteten Person kamen. Klar, eine Lektorin wie auch eine Verlegerin geht nach Regeln und Vorgaben vor, wie man ein Buch zu schreiben hat. Aber sie übersah, dass dieses Buch nicht nach diesen Regeln geschrieben werden kann. Es soll meine Handschrift tragen, die Handschrift eines anders denkenden Menschen. Es soll einen Beitrag dazu leisten, dass wir von Eltern, Pädagogen und Freunden besser verstanden werden, und nicht zuletzt wir selbst uns besser verstehen können.

Diese ganze Auseinandersetzung eskalierte schliesslich. Meine Verlegerin kämpfe um den Marktanteil ihrer Bücher, um ihr Überleben. Sie schimpfte, dass der Buchhandel zu viel Geld verdiene, ohne etwas dafür zu tun. Ich, der Autor, würde so erfolgreich wie noch nie zuvor arbeiten, ich sei überheblich, egoistisch, hätte den Bezug zur Realität verloren, das Buch sei nur ein Werk, in dem ich mit der Kindheit abrechnete … Es kam, was kommen musste: Wir beendeten unsere Zusammenarbeit. Dass mich dieses Abenteuer mit der ehemaligen Verlegerin über 10 000 Schweizer Franken kostete, war mir egal, mir ging es nie um Geld, sondern nur um die Sache: mich selbst sein zu dürfen. Ich wollte schreiben, frei von der Leber weg. Haben wir besondere Fähigkeiten, wird sofort vieles in Frage gestellt, von Erdbewohnern, die selber nie in Frage gestellt werden dürfen. Sind wir nicht erklärbar, sind wir krank, Scharlatane oder Spinner.

Irgendwie stimmte es mich sehr traurig, ich dachte einmal mehr: Kämpfen für uns, wieso muss das sein, ich will doch verdammt noch mal gar nicht mehr kämpfen … und so weiter und so fort.

Nach zwei Wochen, in denen ich in den alten Gefühlen, im alten Sumpf vom Nicht-verstanden-Werden herumwühlte, durfte ich zu mir sagen, es hat nicht sollen sein, und begrub das Kriegsbeil mit den Strukis (= strukturbehaftete Erdbewohner) in einem lodernden Feuer am wunderschönen Zürichsee. Es zischte noch ein paar Mal, doch dann war es begraben, zu Asche transformiert.

Als ich kurz darauf in einer Pizzeria sass (ja, Vollmondnächte und Pizzerias begleiten mich durch mein Leben), erzählte am Nachbartisch ein Mann die Geschichte seiner Enkelin. Ich wusste gleich, dass er von einem hochbegabten Kind sprach: «Meine Enkelin wurde in der Schule in ein anderes Zimmer geschickt, damit sie sich besser konzentrieren konnte. In diesem Zimmer sass eine andere Lehrerin, die unter anderem eine kleine Glocke auf ihrem Pult stehen hatte. Sie benutze sie jeweils, wenn ihre Schüler nicht aufpassten. Als meine Enkelin immer wieder umherschaute, sich durch irgendwelche spannenden Ereignisse von ihrer Arbeit ablenken liess, nahm diese Lehrerin die Glocke zur Hand … Nachdem die Lehrerin ihre Arbeit beendet hatte und aus dem Zimmer gegangen war, liess meine Enkelin die Glocke im Abfalleimer verschwinden. Am anderen Tag bekam meine Tochter einen Anruf aus der Schule, ihr Mädchen habe die Glocke der Lehrerin verschwinden lassen. Die Mutter befragte die Übeltäterin und bekam keck und ohne Umschweife zur Antwort: Wir sind erwachsene Menschen, wir können reden miteinander … Ich höre jemandem schon zu, wenn er etwas zu sagen hat, auch ohne Glocke …»

Ich musste schallend lachen, setzte mich nochmals hinter mein Manuskript und ergänzte es erst recht.

Anschliessend kopierte ich es dreissig Mal und verteilte es an die verschiedensten Menschen. Ich legte auch ein Exemplar in der Praxis auf und bekam ein riesiges Echo, speziell von Eltern solcher wunderbaren Geschöpfe. Meine Klienten kamen extra früher zum Termin, um in diesem Exemplar zu lesen, und waren enttäuscht, wenn ich sie jeweils schon aufrief, selbst wenn ich zeitlich im Verzug war. All dies machte mir Mut und bestätigte die Gedanken eines Egozentrikers namens Christian Frautschi. Und wenn jetzt du, liebe Leserin, lieber Leser, dieses Buch in deinen Händen hältst, scheint sich nichtsdestotrotz ein Weg gefunden zu haben, das Geschriebene zu verlegen und unter die Menschen zu bringen. Es wird auch bei dir manche Träne fliessen lassen.

Sommer 2008

RITALIN-BOX-NEWS

Januar 2008

Laut einem NZZ-Bericht vom 23.1.2008 sollen bis zu 25% aller Studenten an der University of Pennsylvania in den USA schon einmal Medikamente wie Ritalin eingenommen haben, zur Leistungssteigerung.

Nachtrag Sommer 2011, 12. September, Vollmond

Das Buch und das entsprechende Hörbuch «Über den Wolken. Hochbegabte und Indigos - Fluch oder Segen?» ist bereits seit 2009 erfolgreich auf dem Markt. Ich durfte auch schon die schönsten Reaktionen lesen zu dem Geschriebenen. Doch irgendwie habe ich auch Reaktionen erlebt, die ich so nicht gerne gelesen oder gehört habe. Da viele Hochbegabte und Indigos dieselben Charaktereigenschaften wie ADS- und ADHS-Kinder oder Legastheniker haben, wollten sich viele selbst diesen Stempel aufdrücken. Sie kamen zu mir und sagten: «Ich bin ein Indigo.» Ob es zutreffend gewesen war oder nicht, lasse ich hier offen.

Dies gefiel mir so nicht sonderlich. Ich wollte doch einfach nur ohne Vorurteile und Wertung offen legen, dass wir eigentlich ganz normale Erdbewohner sein wollen. Sicher dürfen wir von bestimmten Charaktereigenschaften profitieren, die wir vom lieben Gott als Geschenk bekommen haben. Aber eben, es ist oft auch ein Fluch, nicht nur ein Segen, so zu sein. Und so entschloss ich mich heute, am 12. September 2011, dem Geburtstag meines Vaters, der heute 87-jährig geworden wäre, das Buch erneut umzuschreiben. Ich will das Buch verallgemeinern. Es soll für alle sensitiven Kinder und Erwachsenen sein, die anders funktionieren und denken als die übrigen Bewohner dieser wunderbaren Erdkugel. Aber auch für deren Eltern und Mitmenschen, die mit solchen wunderbaren göttlichen Geschöpfen zu tun haben. Bestimmt hat es noch Sachen drin, die nur für Hochbegabte, Indigos oder sogenannte Kristall-Kinder bestimmt sind, doch dies wissen dann die Betroffenen selbst.

Der Inhalt ist grösstenteils derselbe wie im Buch «Über den Wolken». Also, lieber Leser, ich wünsche dir ebenso viel Spass und Freude beim Lesen, ohne dass das Buch sich an bestimmte Gruppen von Kindern und Erwachsenen wendet. Das Buch durfte so den Titel «Zappel ist gestorbt – Ab in die Ritalin-Box» bekommen.

Ähm ... So hörte ich auch immer wieder, dass das Buch eine Verarbeitung meiner Kindheit sei ... Es mag wohl bestimmte Stellen haben, wo dies zutreffen mag, doch mein Antrieb war immer, von Situationen zu schreiben, die ich so erfahren durfte. Wir wollen einfach nur verstanden werden, ja, wir, die sensitiven Kinder, die nicht so leichtfüssig über die Erdkugel schreiten dürfen wie der grosse Rest der Welt.

Dieses Buch in der überarbeiteten Endfassung durfte schlussendlich über 10 Jahre gedeihen. Vieles, zu dem ich vor zehn Jahren geschrieben habe: «Es wird dann mal so sein ...», ist inzwischen Tatsache geworden. Ich wusste nicht, dass ich alleine mit den Geschichten meiner eigenen Kinder so viel erfahren würde. Es ist ein Werk, das an vielen Geschehnissen teilnehmen und viel erfahren durfte. Es sind Erfahrungen, die ungeschminkt und den Tatsachen entsprechend niedergeschrieben wurden, auch wenn sie noch so schmerzten. Viele Seelen werden offengelegt, ohne Berührungsängste. Ja, aber nur so, lieber Leser, liebe Leserin, kann ich mit diesem Buch etwas bewegen und die Betroffenen selbst in ihrem Sosein stärken, mit all ihren Ecken und Kanten.

Gerade vor wenigen Stunden habe ich eine Diplomarbeit in den Müll geschmissen, die von einer Kinderpsychologin geschrieben worden war. Die Arbeit umfasste 77 Seiten. In jedem zweiten Satz stand «nach Prof. XY ...». Am Schluss der Arbeit waren 30 Bücher aufgelistet, denen all diese Informationen der Arbeit entnommen worden waren. Eine 77-seitige Diplomarbeit über hochbegabte Kinder, in der «das Wissen» stand, das 30 verschiedenen Büchern von Psychiatern und Psychologen entnommen war. Wahrheiten von jemand anderem ... Und diese Psychologin arbeitet heute mit «schwierigen» Kindern ... Wenn die Schulbehörde nicht mehr weiter weiss ... Es sind diese Leute, die genau wissen, wie ein Medikament wirkt. Aber sie wissen nicht, dass die persönliche Entwicklung, die Kreativität völlig auf der Strecke bleibt.

_ **Wir sind nicht krank!**
_ **Wir sind nur anders!**
_ **Und dieses Anders ist wunderbar, wenn wir uns selbst sein dürfen, ohne Ritalin-Box!**

RITALIN-BOX-NEWS

August 2008

Der Zürcher Kantonsrat will eine Studie über den Ritalingebrauch in den Volksschulen. Regierungsrätin Regine Aeppli bezeichnet die Erhebung als aufwendig und teuer.

Vorwort für Pädagogen und Therapeuten

Lieber Pädagoge, liebe Pädagogin, im Duden steht über dich: griechisch: Knabenführer (hatten die Griechen keine Mädchen?), Erzieher, Lehrer, heute auch der Erziehungswissenschaftler …

Du erwartest hier vermutlich Anweisungen und Erklärungen, wie du dich verhalten kannst/könntest gegenüber uns aus dem Schema gefallenen Erdbewohnern. Weit gefehlt! Danach suchst du vergebens. Mein Anliegen ist, dich aktiv mitdenken und erfahren zu lassen, wie du dich in bestimmten Situationen verhalten sollst, kannst, darfst. Es ist wenig hilfreich, wenn ich dir Muster vorgebe, nach denen du dich richten, welche du lernen kannst. Ich fordere dich beim Lesen auf mitzudenken, wie du dich in der Situation verhalten könntest. Es liegt mir fern, dir mein Wissen aufzudrängen, viel lieber möchte ich dich bildlich teilhaben lassen, dass du es für dich erfahren kannst, es sehen kannst. Ich nehme dich mit in unsere Welt des Denkens und Empfindens, in Situationen aus dem Abenteuer Leben. Eines, lieber Pädagoge, vergiss nicht: Auch wenn deine Berufsbezeichnung im Griechischen Knabenführer bedeutet und die Knaben, wie böse Zungen behaupten, Sklaven waren – auch diese müssen mal gelobt werden. Wenn ich hochbegabte

Menschen vor mir stehen habe und ihnen sage: «Ich glaube an dich!», haben fast alle Tränen in den Augen. Sicher bringen wir euch Pädagogen oft zur Weissglut und fordern euch heraus, doch darf ein Schalter auch mal wieder umgekippt werden auf: «Du hast auch gute Seiten an dir.» Diese Worte haben vor langer Zeit einer hochbegabten Bekannten so viel Kraft gegeben, dass aus ihr, einer mittelmässigen Realschülerin, auf Umwegen eine Lehrerin wurde. Heute begleitet sie solche aus dem Rahmen fallenden, hochbegabten Kinder erfolgreich im bestehenden Schulsystem.

Also, lieber Pädagoge, liebe Pädagogin, dieses Buch ist sehr wohl auch für dich gedacht. Wenn du uns besser verstehst oder zumindest versuchst, uns zu verstehen, hilfst du uns, damit wir selbst zu uns stehen können und mit unserem Sosein die Schulsysteme bereichern können.

Als ich das Manuskript von einer Lehrerin zurückbekam, kommentierte sie: «Ich wünschte mir weniger Provokation und mehr Hilfestellung, wie wir uns verhalten sollen.» Nein, liebe Lehrerinnen und Lehrer, ich mag vielleicht an verschiedenen Systemen rütteln, auf Dinge aufmerksam machen, aber zu provozieren ist nicht (nur) meine Absicht.

Jetzt, wo ich diese Zeilen zum x-ten Mal am Ergänzen bin, befinde ich mich mit dem Laptop auf den Knien auf ca. 12 000 Metern über Meer Richtung Florida in den wohlverdienten Urlaub. Unter mir die Ostküste Nordamerikas, die Region von New York.

In den Tagen vor meiner Abreise hatte ich mehrere Gespräche mit Eltern und ihren hochbegabten Kindern geführt. In kurzer Zeit wird entschieden werden, wie für viele dieser Kinder der weitere Schulweg verlaufen soll.

Eine weitere Schulreform steht vor der Tür. Eigentlich wäre der Weg in eine Privatschule, in der viel mehr auf die Kinder eingegangen werden kann, angesagt. Dies wird aber für viele Kinder schlichtweg nicht möglich sein, da ihre Eltern die Kosten von 20–30 000 Schweizer Franken pro Jahr nicht aufbringen können. Gleichzeitig sind aber auch Diskussionen im Gange, dass die freie Schulwahl eingeführt werden soll. Allein dies wäre ein riesiger Schritt nach vorn, da sich die Schulen dann um Schüler bemühen müssten, um überhaupt existieren zu können. Es gibt sehr wohl öffentliche Schulen, die mit solchen Kindern umgehen können, diese wären dann aber überfüllt, was die anderen wiederum dazu bewegen könnte, die guten Ideen von den begehrten Schulen zu übernehmen. Ich hoffe auf den Weitblick der Verantwortlichen für unser künftiges Schulsystem – so, wie er mir im Moment in traumhafter Höhe präsentiert wird.

Meine Ansichten

Liebe Leserin, lieber Leser, es ist schwierig, so zu schreiben, dass möglichst viele Menschen über die hochbegabten Persönlichkeiten möglichst viele Informationen bekommen. Ich versuche es auf meine bestmögliche Art und Weise zu tun.

Da ich aber auch von persönlichen Erlebnissen und Erfahrungen berichte und dadurch direkt betroffen bin, kann es durchaus sein, dass Wertung und Verurteilung anklingen, die zur jeweiligen Zeit ausgelöst wurden; Aggressionen, die heute nicht mehr so gemeint sind, aber zur damaligen Zeit, vor allem in meiner Kindheit, da waren.

Danke, dass du bei verschiedenen Aussagen das eine oder andere Auge zudrückst (Hühneraugen eingeschlossen), wenn etwas nicht in deinem Sinne geschrieben ist. Heute gehe ich möglichst urteilslos und nicht mehr wertend durchs Leben. Auch ich versuche mal ein Auge zuzudrücken, wenn mir im Abenteuer Leben etwas begegnet, das mir nicht passt.

Was ist ein Indigo- oder Kristallkind?

Indigo (dunkelblau) ist die Farbe, die in unserer Aura sehr stark vertreten ist. In den 80er-Jahren sind wir darum verschiedenen Aurafarben-Sehenden aufgefallen. Es gab uns schon viel früher, doch wurden wir damals nicht als Indigos erkannt. Beethoven, Mozart, Einstein, Da Vinci, Henry Ford und noch viele weitere Genies gehörten dieser Spezies an; leider gehören aber auch einige Kriegsführer und Kriminelle dazu.

Wie die Zeit es halt will, soll alles, jedes Verhalten, jede Neigung und Abnormalität einen Namen tragen. So betitelte man uns eben mal als Indigo-Kinder. Mir persönlich gefällt diese Bezeichnung nicht sonderlich, denn sie bedeutet auch eine Schublade, ein Klischee, in das wir gedrängt werden. Heute sind auch diverse andere Begriffe im Umlauf, die uns bezeichnen, benennen wollen. Ob diese Begriffe Kristall- oder Y-Kinder oder was auch immer heissen, spielt keine Rolle…

Was sind Menschen mit ADS, ADHS, POS?

Kinder oder Erwachsene, denen das Hin- und Herswitchen zwischen den Hirnhälften nicht so gut gelingt. Die Gedanken sind meist in der rechten Hirnhälfte blockiert. Wir sind dadurch teilweise zappelig, nicht konzentriert oder können unsere Gedanken mit unserem Bewegungsapparat nicht koordinieren. Manchmal können in Extremfällen auch autistische Züge vorkommen.

Hochbegabte und Indigo-Kinder

Zuerst wollte ich nur ein Buch über Indigo-Kinder und Indigo-Erwachsene schreiben. Allmählich wurde mir aber bewusst, dass der Begriff von Esoterikern in Anspruch genommen wurde. Das gefiel mir nicht. Als ich einmal an einer Filmvorführung über Indigo-Kinder war, wurde das Ganze vollkommen mit der Esoterikwelt in Verbindung gebracht. Didgeridoo und schamanische Trommeln sollten diesen Abend eröffnen. Es folgten Sätze wie «Ach, es ist so schön, mit diesen wunderbaren Kindern zu arbeiten ... Ich komme soeben von einem Weltkongress über Indigo-Kinder, über die Kinder der neuen Zeit ...»

Es kamen Wortmeldungen von Therapeuten, die sich als Spezialisten ausgaben, alles jedoch nur aus irgendwelchen Büchern gelernt hatten, und die selbst absolut nicht geerdet waren. Ich wurde dermassen wütend darüber, dass man uns einfach so von oben herab besprach und in ein Klischee drücken wollte, dass ich nach zehn Minuten den Saal verliess. Mir folgten etliche gleich denkende Hochbegabte und Indigos; unter ihnen auch eine sehr attraktive, modisch gekleidete, blonde Frau mit ganz speziellen blauen Augen, der ich ansehen konnte, dass sie wohl auch so ist, aber dennoch mit beiden Füssen auf dem Boden steht. Wir schauten einander an, brauchten nichts zu sagen, aber verstanden uns. Wir umarmten einander mit den in Gedanken gesprochenen Worten: «Die da drinnen haben keine Ahnung, wir sind einfach, wie wir sind, alles Gute dir», und gingen unserer Wege.

Nein, wir wollen auch nicht zu Esoterikern abgestempelt werden, selbst wenn viele von uns hellseherische und mediale Fähigkeiten haben. Sicher ist es so, dass einige als Heiler oder Medium tätig sind, wie ich ja heute auch.

Nur, in meinen vorangegangenen vier Jahrzehnten durchschritt ich als nicht verstandener, rebellischer, hochbegabter Lausebengel, später als selbstbewusster Unternehmer und Manager die Welt. Die abgelatschten Gummistiefel, die durchlöcherten Halbschuhe und die viel zu grossen handgestrickten Pullover waren durch handgefertigte Businessschuhe und Manageranzüge ersetzt worden.

95 Prozent aller Hochbegabten, die ich bis heute kennengelernt habe, sind keine Heiler und arbeiten nicht als Medium. Viele von uns haben diese Fähigkeiten, die meisten unbewusst nur, und reden nicht davon. Wir sind einfach wir, in unserem Selbst und Sein. Nur so, wenn wir uns selbst sind, authentisch, werden wir ernst genommen. Nur so können wir der Welt dienen und helfen, Dinge zu bewegen und zu verändern – sei es als Mathematiker, Künstler, Musiker, Manager, Pädagogen, Erfinder, Unternehmer, Schauspieler oder Spitzensportler …

Gewiss war es für mich sehr herausfordernd, als bekennender Heiler mit meinem ersten Buch über meine Arbeit an die Öffentlichkeit zu treten. Ich hatte etliche schlaflose Nächte vor den ersten Presseterminen! Schon früher, als Unternehmer und Manager, stand ich oft in der Öffentlichkeit, doch jene Materie war eben fassbarer.

Glaub ja nicht, dass meine Managerkluft im Schrank vor sich hin mottet, nein, ich ziehe sie immer wieder an, wenn ich irgendwo auf dieser Erdkugel mit einem Topmanager oder Prominenten in einem Vier- oder Fünf-Sterne-Hotelzimmer arbeite. Ja, auch diese Leute brauchen meine Hilfe, denn sie sind oft schwer krank. Zudem werde ich, wenn ich konform gekleidet bin, von Schulmedizinern eher ernst genommen, und eine Zusammenarbeit mit ihnen wird immer dringlicher.

Genau aus diesen Gründen möchte ich hier in diesem Buch nicht nur von meinesgleichen, den Indigos, schreiben, sondern auch von den sensitiven Kindern und Erwachsenen, denn so kann ich auch über sehr bekannte Prominente und Spitzensportler schreiben und sie auch beim Namen nennen, ohne ihnen einen Stempel aufzudrücken, mit dem sie selbst nichts anfangen können und wollen.

Viele Eigenschaften, die ich in diesem Buch beschreibe, sind ebenso bei Menschen mit ADS oder ADHS oder bei Legasthenikern anzutreffen, also dürfen alle ohne Stempel ihren Nutzen haben.

In wenigen Worten zusammengefasst

Wir sind sensible, grösstenteils hochbegabte, extrem bildlich denkende, intuitive und sensitive Macher und Schnelldenker, manchmal auch faul und arbeitsscheu...

Wir haben einfach eine starke Verbindung zu einem Spezialgebiet, zu einer Sportart oder zu irgendeiner anderen Fähigkeit.

Die Eigenschaften von Legasthenikern und ADHS- oder POS-Kindern sind den unseren sehr ähnlich, doch verfügen wir zusätzlich meist über eine grosse Selbstsicherheit; darüber hinaus neigen wir zu parapsychologischen Fähigkeiten wie Hellsichtigkeit, Hellfühligkeit und Aura-Sehen. Wir sind in einem oder mehreren Gebieten sehr sensitiv veranlagt.

Wir sind Spitzensportler, Anwälte, Mathematiker, Computerexperten, Führungskräfte, Künstler oder was auch immer, wollen jedoch oft nicht als eigene «Spezies», als Hochbegabte, erkannt werden. Sind wir erfolgreich, ist es für uns das Normalste der Welt, weil es in unseren Augen nichts Besonderes ist. Wir gehen einfach unseren Weg, auch wenn uns manchmal extrem grosse Felsbrocken aufhalten, im Wege stehen.

Auch wenn manche Kollegen an der Spitze einer sehr erfolgreichen global tätigen Bank sitzen und sich wegen Millionenbetrugs vor Gericht verantworten müssen, weil sie in einen Business-Strudel geraten sind, gefällt mir der Ausdruck Schweizer Sunnyboy («Joe» Ackermann) besser, denn ein Sunnyboy hat trotz stressigem Job als Spitzenmanager immer noch Freude am Leben – als Hochbegabter eben.

RITALIN-BOX-NEWS

März 2009, Tages-Anzeiger-Bericht 3.3.2009:

Die Schweiz hat letztes Jahr acht Mal mehr Ritalin, Concerta und Medikinet verkauft als vor 10 Jahren! «Diese Zunahme ist ein junges Phänomen», sagt Anton Strittmatter, Leiter Pädagogisches beim Schweizerischen Lehrerverband. «Darum ist der Aufklärungsstand bescheiden: Unter den Lehrern herrscht breites Nichtwissen über ADHS und diese Medikamente.»

Gemäss Georg Feuser, Professor für Sonderpädagogik an der Universität Zürich, sind die Lehrer von ADHS überfordert und denken, dass das Problem mit der Einnahme von Ritalin gelöst sei und wieder Ruhe ins Klassenzimmer komme. Er kennt sogar einen Fall, wo ein Lehrer den Eltern drohte, das Kind aus der Schule zu werfen, wenn es kein Ritalin nehme. Auch Feuser fordert eine bessere Aufklärung der Lehrer.

Was ist der Unterschied zwischen Hochbegabten und Indigos?

Indigo-Kinder und erwachsene Indigo-Kinder haben eigentlich genau die gleichen Fähigkeiten und Charakterzüge wie die hochbegabten Kinder und Erwachsenen. Nur besitzen Indigos noch bewusster sehr sensitive Drähte zum Universum, sie sind spiritueller, haben meist hellseherische und mediale Fähigkeiten und besitzen ein ausgesprochen starkes Selbstwertgefühl.

Indigos sind sich vielem viel bewusster und lassen sich leichter durch das Universum führen. Sie sind meist extrem stark mit der Seele jeder einzelnen Materie verbunden. Doch im Denken, im Handeln sind beide, Hochbegabte und Indigos, gleich.

Strukturierte Hochbegabte haben lediglich meist einen Raster, der die Spiritualität durch den medialen Teil etwas filtert und dadurch reduziert, was sie in der Gesellschaft etwas weniger auffallen lässt. Schliesslich braucht es ja auch Hochbegabte, die den akademischen Weg gegangen sind und z. B. als Anwälte, Ärzte oder Ingenieure das Ihre beitragen.

Ich werde im weiteren Verlauf dieses Buches nicht mehr unterscheiden zwischen Menschen mit ADS oder ADHS, Legasthenikern, Indigos und Hochbegabten – ich schreibe bzw. spreche von «uns».

«Wir» heisst also fortan: sensitive Kinder respektive Erwachsene.

Was mir auch noch wichtig ist: Ich schreibe hier von mir persönlich bekannten Eigenschaften. Es sind meine Erfahrungen, meine Wahrheiten. Manch Hochbegabter oder Indigo hat von sich eine andere Sichtweise, eine andere Wahrheit, und die lasse ich genauso stehen und akzeptiere sie vollkommen. Wir sind teilweise aber auch sehr unterschiedlich durch die Kindheit geprägt, was die einen oder anderen Charakterzüge etwas mehr beeinflusst.

Manche, die das Manuskript dieses Buches gelesen haben, empfanden sich oder jemanden, den sie kennen, als hochbegabt. Ob das zutrifft, spielt gar keine Rolle, denn wenn sie sich irgendwie darin gesehen haben, werden ihnen diese Zeilen im Leben weiterhelfen. Also, keine Stempel und Klischees, sondern erfahren und lernen. Vieles, was ich in die Tasten tippen durfte, trifft auch für Menschen mit ADS oder ADHS und für Legastheniker zu, für die mit der rechten Hirnhälfte extrem bildlich denkenden Menschen. Es wäre wunderschön, wenn möglichst viele Menschen aus diesem Buch etwas für sich nehmen könnten, auch wenn sie nicht unbedingt hochbegabt oder ein Indigo sind. Denn verstanden zu werden ist für mich das schönste Geschenk der Welt, also darf jeder an diesem Geschenk teilhaben. Ich habe das Manuskript auch deshalb vielen in die Hände gedrückt, dass sie sich besser verstehen; teilweise sahen sie sich dann als Indigo oder als hochbegabt an, weil sie sich eben mit diesem Denken anfreunden konnten. Wie gesagt, es spielt keine Rolle, wie du dich siehst; mich freut es, wenn ich dir durch diese Zeilen etwas schenken kann.

RITALIN-BOX-NEWS

März 2009, Tages-Anzeiger, 9.3.2009

Schwere Vorwürfe an die Hausärzte. Sie sollen zu viel Medikamente gegen ADHS verteilen. Laut Swissmedic soll der Verkaufsboom weiter anhalten.

Das Wichtigste: wie wir ticken

Wir lernen das Abenteuer Leben von unserer eigenen Seite her kennen. Selbst wenn wir Wissen und Wahrheiten unserer Eltern und anderer Persönlichkeiten miteinbeziehen, wenn wir lernen oder lernen müssen, haben wir bewusst oder unbewusst unsere eigenen Grundsätze – hier ein paar Beispiele:

- Wir wachsen meist nur an unseren eigenen Erfahrungen, die uns das Leben erleben lässt!
- Auch wenn wir andere Wahrheiten kennenlernen, schätzen wir selbst ab, ob sie für uns von Nutzen sind oder uns lediglich dazu bewegen, unsere eigene Wahrheit zu erforschen und zu erfahren.
- Um unsere eigenen Erfahrungen zu machen, gehen wir oft extrem an die Grenzen, sei es im Sport, im fanatischen Vertreten eigener Ideen, manchmal gar mit Hilfe von Suchmitteln und Drogen. Das kann dann auch im Berufsleben geschehen.
- Wir begeben uns sehr oft an Grenzen und darüber hinaus – im Umgang mit Eltern, Mitmenschen oder dem Gesetz.
- Wir schreiben uns eben selbst unsere Regeln für das Abenteuer Leben!
- Nur wenn wir einen Weg gehen, finden wir heraus, ob es der richtige ist. Lasst uns bitte gefälligst selbst auf die Schnauze fallen.

Wer sind unsere Eltern?

Mindestens einer unserer Elternteile ist meistens sehr sensitiv oder mit einer besonderen Gabe vertraut. Ist dies der Fall, sind wir dessen Spiegel, egal ob er bzw. sie seine Gaben lebt oder nicht.

Oft sind wir aber auch die Kinder von besonders begabten Menschen wie Musikern, Dirigenten, Komponisten, Sportlern, Forschern, Lebenskünstlern oder anderweitig besonderen und begabten Seelen.

Mein Vater zum Beispiel besass all meine Gaben, nur bekam er leider nie die Möglichkeit, sie zu entfalten. Seine Lebensumstände hinderten ihn daran, und so schränkte er sich in seinem Leben ein. Diese Umstände verursachten Lungenkrebs; mit Hilfe meiner goldenen Hände durfte er dafür wieder genesen.

RITALIN-BOX-NEWS

Zürcher Regierungsrat, April 2010

Aus einer Studie, die von diversen Kantonsräten verlangt wurde, geht hervor, dass 4% aller 14-jährigen männlichen Jugendlichen Ritalin abgegeben wurde. Bei den gleichaltrigen Mädchen sollen es 2% sein. Laut Regierungsrat soll der Ritalingebrauch stets gleichmässig zugenommen haben. Es sei demzufolge auf eine gute Handhabung vonseiten der Schulmedizin zu schliessen, also bestünde auch kein Handlungsbedarf betreffend einer Einschränkung.

Christian: «Eine gute Handhabung? 8 Mal mehr Abgaben von Ritalin innert 10 Jahren?»

Verschiedene Formen von Intelligenz

Liebe Leserin, lieber Leser, immer wieder wird «die Intelligenz» mit unserem Sosein in Zusammenhang gebracht. Doch die Intelligenz spielt nicht solch eine grosse Rolle hinsichtlich der Art und Weise, wie wir ticken. Bei Intelligenz im Zusammenhang mit Kindern wird meist nur die logisch-mathematische Intelligenz berücksichtigt. Doch jeder Mensch hat nicht nur eine Schublade mit Fähigkeiten. In der folgenden Auflistung wirst du sehen, dass es ganz viele Schubladen gibt, ja fast ein ganzes Regal voll.
Hochbegabung und Intelligenz haben verschiedene Gesichter, hier eine kurze Aufstellung der wichtigsten Formen.

Sprachliche Intelligenz

Ein gut entwickelter Wortschatz, eine flüssige und problemlose Ausdrucksweise. Wenn sprachlich begabte Menschen die Wörter einer Fremdsprache nicht gut lernen können, so lernen sie sie im Learning by doing.

Logisch-mathematische Intelligenz

Frühes Interesse an Zahlen und Rechnen, hohes Abstraktionsvermögen und eine ausgezeichnete logisch-abstrakte Denkfähigkeit.

Musikalische Intelligenz
Frühes, deutliches Interesse am Singen, Musizieren, Komponieren.

Visuell-räumliche Intelligenz
Frühes Interesse an Konstruktionsspielen, schwierigen Puzzles, Malen und Gestalten.

Bewegungsintelligenz
Ein hohes Mass an körperlicher Geschicklichkeit, Energie und Ausdauer.

Soziale Intelligenz
Beziehungs- und Kommunikationsfähigkeit und eine ausgeprägte Fähigkeit zum Lösen zwischenmenschlicher Konflikte.

Emotionale Intelligenz
Ein sehr feines Gespür für Gefühle bei sich und anderen, Fähigkeit zur Empathie.

Naturalistische Intelligenz
Intensives Interesse an naturwissenschaftlichen Fragen, an Experimenten oder am Umgang mit Naturprodukten.

Die meisten sensitiven Menschlein wurden mit mehreren dieser Intelligenzen bedacht. Ich werde im weiteren Verlauf versuchen, es dir aus der Praxis zu erklären. Denn das vorher Beschriebene über die verschiedenen Intelligenzen steht schon in zahlreichen Büchern.

Ich möchte es dir aber auch von der Seite des Denkens, der Hirntätigkeit erklären. Nur so bekommst du eine sinnvolle Erklärung, warum ein Computergenie wie Bill Gates sich im Denken von meinem Denken als Heiler nicht wesentlich unterscheidet.

Wie sind wir?

Wenn wir uns in unserem Sein und in unseren Aufgaben gefunden und angenommen haben (durch die Summe unserer Erfahrung), kennen wir in der Regel wenige bis keine Probleme in unserem so gearteten Wesen. Hat aber jemand ein Problem mit uns oder versteht uns nicht, ist es sein Problem, nicht unseres …

Das mag jetzt etwas arrogant und provokativ klingen, ist es aber nicht; ich benenne es nur direkt und ohne Umschweife. Es ist kein Selbstschutz, denn den brauchen wir nicht. Damit du, liebe Leserin, lieber Leser, uns vielleicht besser verstehst und unsere Sichtweise, unser Verhalten, unsere Aussagen besser annehmen kannst, schreibe ich ja dieses Buch.

Also, halte durch. Glaube mir, das Verbalisieren der Gedanken, wie wir sind, was wir sind, ist für uns unvergleichlich schwieriger als für dich das Lesen dieses Buches.

«Wir selbst wissen eigentlich am wenigsten, wie wir wirklich sind.»

Wir empfinden uns als völlig normale, (meist) liebevolle Erdbewohner, auch wenn einige böse Zungen behaupten, dass wir von einem anderen Planeten abstammen.

In meiner Praxis arbeite ich fast täglich mit Indigos und Hochbegabten – Kindern und Erwachsenen.

Und auch in meinem sonstigen Leben irgendwo draussen in der Welt, im Kino, beim Schlummertrunk an einer Bar, in einem Konzert oder wo auch immer treffe ich auf diese besonderen Menschen. Ich spüre es jeweils im Voraus. Wie ich sie erkenne, weiss ich eigentlich auch nicht. Sehe ich dann einem solchen Menschen in die Augen oder beobachte sein Verhalten, ist meist alles klar: Ich spüre die speziellen, hohen Schwingungen, die sehr starke Persönlichkeit und die Selbstsicherheit. Oft erkenne ich auch die verborgenen, speziellen Persönlichkeiten. Manche erkennen uns an unserer Aura, andere wiederum erfassen uns, wenn sie energetisch mit uns arbeiten.

Leider bezeichnen viele sich selbst oder ihre Kinder als hochbegabt und Indigo, weil sie irgendwo einmal etwas darüber gelesen oder gehört haben. Die einen oder anderen Charaktereigenschaften mögen ja wohl manchmal übereinstimmen, was aber oft noch nicht heisst, dass es ein Indigo oder Hochbegabter ist. Viele Hochbegabte unter uns sind mit mindestens einer speziellen Gabe, die sie von ihren Eltern übernommen haben, ausgestattet. Ob sie aber wirklich die von den Eltern oft gewünschten Wunderkinder sind, stellt sich erst später heraus. Lernfähigkeit alleine hat noch nichts mit Hochbegabung zu tun, auch wenn das oft auf die Kinder projiziert wird.

Aber auch das Gegenteil geschieht, in Familien mit weniger intellektuellen oder begabten Eltern, wo konservative Erziehung, Glaubenssätze und kulturelle Prägung wichtiger sind als das Fördern eines hochbegabten Kindes. Solche unterdrückten Kinder öffnen den Knopf meist erst später, wenn überhaupt.

Wir selbst spüren sofort, ob das Gegenüber einer von uns ist. Nur sprechen wir selten darüber, weil wir uns nicht als etwas Spezielles betrachten.

Umgekehrt nehmen wir wahr, wenn sich jemand mit besonderen Fähigkeiten schmückt, dem aber in Wirklichkeit nicht so ist. Ich vergesse nie mehr meinen ersten Besuch auf einer Esoterikmesse. Es war für gewisse Personen sehr peinlich, entlarvt zu werden, ohne dass ich irgendetwas sagte. Ich lief nur durch die Gänge, sie drehten sich um oder legten sofort ihre Arbeit nieder und nahmen sie erst wieder auf, als ich mich ausser Sichtweite befand. Schade, dass diese Menschen, selbsternannte aussergewöhnliche Medien, als Hochstapler und Scharlatane entlarvt wurden. Ich fühlte mich im falschen Film und war nach wenigen Minuten wieder draussen.

Wie heikel es sein kann, wenn wir unser Potenzial einsetzen, beschreiben die zwei folgenden Beispiele: Ein guter Freund von mir arbeitet als Sporttherapeut mit Profifussballern der ersten deutschen Bundesliga. Seine medialen Fähigkeiten dürfte er jedoch nicht erwähnen, sonst würde er nicht ernst genommen. Allein der Erfolg zählt. Als er in einer Zeitung als Psycho-Glatze bezeichnet wurde, lachte er nur und meinte: «Diese Bezeichnung gefällt mir …»

Ein anderer Freund vermittelt Profi-Fussballer auf höchstem Niveau, und niemand weiss, warum er so erfolgreich ist. Er selbst wusste es bis vor kurzem auch nicht!

Oft ist es für diese besonderen Menschen sehr schwer, ihr Potenzial zu leben. Gerade gestern arbeitete ich mit drei Hochbegabten. Die Kinder, 17, 11 und 9 Jahre alt, wurden von ihrem (inzwischen geschieden lebenden) Vater extrem streng erzogen und auch verprügelt, weil er mit diesen Wesen nicht umgehen konnte. Er drehte durch, wenn seine diktatorischen Erziehungsmassnahmen nicht mehr griffen, vergriff sich an den Kindern und wurde teils gewalttätig … Das Verrückte an der ganzen Sache: Er ist ein sehr angesehener Kinderarzt und Psychologe, hat aber ein gestörtes Verhältnis zu seiner Mutter. Und alle schwiegen … schwiegen bis anhin … Sie waren machtlos, wortwörtlich.

Die geschiedene Ehefrau setzt sich aufopfernd für ihre Kinder ein. Sie sind hochbegabt, sind sehr gute Schüler, sind sehr musikalisch, finden aber auch Ausgleich im Sport, bei Karate und Tennis.

Eine 17-jährige Klientin hat bereits sehr viel erlebt. Sie geriet in die Drogenszene, da sie oft nicht verstanden wurde und auch sehr sensitiv war. Sie suchte Freiheit, und genau diese wurde ihr in der Folge entzogen. So suchte sie ihre Freiheit in den Drogen, hörte jedoch nach zwei Jahren von einem Tag auf den anderen damit auf. Als ich sie befragte, wie sie damals mit 15 Jahren die Drogen bezahlt hatte, gab sie mir zur Antwort: «Die anderen hatten ein Bett und Drogen, ich hatte einen schönen Körper ...» Die anhaltenden Erniedrigungen hatten ihr Selbstwertgefühl und ihr Selbstvertrauen stark beschädigt, sie leidet noch heute sehr darunter.

Der Weg in die Sucht bezweckte nur, von dem abzulenken, was sie sah und spürte, weil sie damit nicht ernst genommen wurde. Sie ging auch immer wieder Beziehungen mit sehr dominanten Männern ein, die meist viel älter waren als sie. So konnte sie ihnen gehorchen, um ihren eigenen niedrigen Selbstwert zu vertuschen. Im Moment leidet sie unter tiefen Depressionen, sieht keinen Lebenssinn. Auf die Frage, was sie vor der Geburt für eine Lebensaufgabe gewählt habe, antwortete sie: «Das möchte ich dir nicht sagen ...»

Ja, so ist es, Hochbegabte und Indigos kennen normalerweise ihre Lebensaufgabe. Manchmal bleibt diese aber sehr lange versteckt und kommt erst durch eine Lebenskrise, durch Krankheit oder einen schweren Unfall zum Vorschein.

Ich weiss auch erst seit wenigen Jahren, was meine Aufgabe ist: Menschen zu helfen, sie mit meinen Händen oder mit den Worten in meinen Büchern und an Vorträgen zu heilen. Als mir die Kumpels aus dem Universum mitteilten, dass ich 21 Bücher schreiben würde, lachte ich nur. Als Legastheniker konnte ich kaum ein Buch lesen, und jetzt soll ich 21 solche Dinger schreiben? Sie antworteten: «Hättest du Bücher lesen können, hättest du das Leben anders erlebt. Dein Leben beruht auf eigenen Erfahrungen, andere Wahrheiten würden dich nur behindern. So bist du freier, neue Sichtweisen zu entdecken und sie in der Welt zu verbreiten ... Du musstest Unternehmer und Manager sein, damit du Unternehmer und Manager verstehst, denn auch sie brauchen deine Hilfe ...»

So ist jeder Hochbegabte ein Unikat, keiner ist gleich wie ein anderer, und aus diesem Grund gibt es keine strukturierten, allgemeingültigen Verhaltensregeln uns gegenüber! Du, lieber Leser, liebe Mutter, lieber Vater oder wer auch immer du bist und über uns mehr erfahren möchtest: Wir sind glücklich, wenn ihr uns einfach ernst nehmt. Ihr könnt uns als kleine Erwachsene ansehen, auch wenn wir oft noch Kinder sind. Wir haben sehr viel zu sagen, auch wenn solche Aussagen sonst nur von gelehrten, weisen Erwachsenen kommen. Später, als Erwachsene, haben wir meistens mit dem Verstehen und Verstandenwerden weniger Mühe.

Kürzlich ging ich aus und sah eine junge Frau – ich merkte sofort, dass sie ein Indigo war. Als ich sie darauf ansprach, sagte sie nur: «Ja, ich weiss, dass ich etwas anders sein soll, hab schon davon gehört. Ich bin einfach so. Mein Freund ist bestimmt auch einer, er macht immer viel Blödsinn, ist manchmal ein richtiges Kind. Er muss auch täglich sehr viel Bewegung haben. Wir verbringen jeden Tag Stunden in der Natur.» Im Gespräch erfuhr ich, dass sie zur Uni ging. Ihr Vater war Arzt, wie auch ihre Mutter. Um während der Semesterferien etwas Taschengeld zu verdienen, arbeitete sie bei einer Begleitagentur als Domina. Sie war sehr attraktiv und, wie die meisten Indigos, sehr selbstsicher. Als ich sie fragte, ob Eltern und Freund von ihrer Nebenbeschäftigung wüssten, antwortete sie: «Nein, die müssen nicht alles wissen, ich möchte auch Geheimnisse haben, ich finde es cool und megaspannend so …»

Du hast dich sicher gefragt, wie und was ich dann mit diesen Hochbegabten arbeite. Es ist eigentlich ganz einfach zu erklären: Ich versuche sie zu verstehen, nehme sie bei der Hand und führe sie zu ihrem eigenen Ich, zu ihrem Selbst zurück, von dem sie meistens abgekommen sind. Wie ich das tue? Das kann ich nicht erklären, ich mache es einfach … mit meinen goldenen Händen und Gedanken. Auf jeden Fall imponierte kürzlich meine Arbeit mit einem Mädchen einem Psychologen so sehr, dass er mir fortlaufend solche Kinder überweist – mit den Worten: «Ich weiss nicht, was Herr Frautschi macht, aber es überzeugt.»

RITALIN-BOX-NEWS

Juli 2010

Laut einem Bericht in «Sonntag» soll der Konsum von Ritalin und verwandten Präparaten bei 19- bis 30-Jährigen von 2005 bis 2009 im Kanton Zürich um das Vierfache angestiegen sein. In der Schweiz werden jährlich 276 600 Packungen Ritalin verkauft.

Das folgende Gedicht entstand, als ich auszudrücken versuchte, was ich fühlte, als eine von uns mir gegenüber stand.

Die weisse Rose vom Indigostrand

So stand sie da
Weiss wie die Nacht
Hell in der Pracht
Schwarz wie die Sonne
Träne, ich komme
Liebe zog durch die Luft
Bezaubernd der Duft
So stand sie da
Am Indigo-Strand
Sie raubte mir den Verstand
In der Nacht blühte sie hell
Die Dunkelheit wurde grell
Am Tage wurde sie schwarz

Im Herzen Tränen gelacht
Die Natur gebrochen
Jede Norm durchbrochen
Im Sand hatte sie Halt
An der Sonne wurde sie kalt
Worte, die nichts sagen
Gefühle, die Berge tragen
So ist sie unbeschreiblich
Im Herzen berührt sie mich
Du warst bei mich
Ich war in Liebe bei dich
Ich liebe dich wie mich

Uns gibt es nicht erst seit den 80er-Jahren

In allen Büchern über Indigos steht, dass es uns seit den 80er-Jahren gibt. Dem ist absolut nicht so! Uns gab es schon immer. Nur erforschte man uns früher nicht. Viele bedeutende Erfinder, Komponisten, Musiker und Künstler waren bereits hochbegabte Indigos. Und die Ägypter – sie waren ein ganzes Volk von Hochbegabten.

Ach, liebes sensitives Kind...
Eltern, Pädagogen: bitte diesen Abschnitt überspringen...

Ich möchte an dieser Stelle nur noch kurz einige Worte an dich persönlich richten. Liebes wunderbares Wesen, wie auch immer dich die Grossen nennen mögen, du darfst dir in deinem Leben etwas zu Herzen nehmen. Vergiss bitte nicht, dass es deine Eltern und Lehrer bestimmt nicht immer leicht haben mit dir! Ja, sie möchten dich so oft am liebsten auf den Mond schiessen, weil sie dich und dein Verhalten nicht verstehen. Ich habe mich selbst, oder auch meine Kinder, nicht immer verstanden! Doch ich versuchte trotzdem, die Eltern zu verstehen, oder später meine Kinder! Als meine Mutter jeweils völlig am Anschlag war, nur noch müde und kraftlos war oder Migräne hatte, machte ich heimlich im Haushalt die Arbeiten, die sie aus Kraftlosigkeit nicht ausführen konnte … Auch wenn mich die Lehrer nicht verstanden haben, ja wie sollten sie auch, ich habe mich ja selbst nicht verstanden, habe ich sie als Lehrer, das heisst als den «Chef» akzeptiert. Lehne dich nicht gegen sie auf, denn sie sind immer am längeren Hebel. Versuche in einem Sport, in einem Hobby (Kickboxen, Eishockey, Fussball oder so) deine Aggressionen mit Spass und Leistung loszuwerden, lass sie nie am Lehrer aus, der kann ja auch nichts dafür, dass du anders bist. Er trägt leider nur das Resultat deines Soseins. Du selbst bist intelligent genug, dass du weisst, dass du wohl anders, aber okay bist. Ich weiss auch, dass es unfähige Eltern und Lehrer gibt, doch tritt ihnen bitte immer mit Respekt und Anstand gegenüber, es macht dein Leben viel, viel einfacher. Ich habe mich auch durch die Schule gemogelt, auch später durch die Lehre zum Automechaniker. Ich konnte als Legastheniker die einen und anderen Dinge nicht kapieren oder tun, aber ich suchte immer einen Weg, um irgendwie weiterzukommen. Ich habe nach einem Unfall meinen erlernten Beruf nicht mehr ausüben können... So wurde mein Schicksal zu einer Chance, ohne Geld selbstständig zu werden... So wurde ich, weil ich endlich alles so gemacht hatte, wie ich es wollte, in meiner Branche zum erfolgreichsten Unternehmer der Schweiz … 39 Jahre alt, schloss ich die Firma… als 42-Jähriger verlor ich Haus, Geld, Stolz, Ehre, Bett, ja alles... Und so hatte ich wieder die Chance, neu anzufangen, auch wieder so, wie ich wollte. Heute, mit über 50, bin ich Bestseller-Autor wie auch der erfolgreichste Therapeut in der Schweiz und arbeite unter anderem mit Kindern, wie du eines bist… weil ich so bin, wie ich bin... Also, glaube an dich...!!! Ja, ich war auch nicht immer stark! Beim Schreiben dieser Zeilen weine ich sehr! Die Tränen laufen auf meine Tastatur, weil es mich immer und immer wieder selbst bewegt... Ich wusste zum Glück nie, dass ich hochbegabt sein soll, zum Glück! Du brauchst auch nur eines einfach zu wissen, dass du okay bist, so wie du bist! Ich liebe dich, in deinem Sosein! Ich glaube an dich und deinen Weg! Danke, dass du hingehört hast... Geh deinen Weg!

Und jetzt dürfen wieder alle lesen…

RITALIN-BOX-NEWS

Juni 2011

Laut «Sonntagszeitung» sollen in der Schweiz 265 000 ADHS-Erwachsene unter uns weilen. Der Freiburger Psychiater und ADHS-Spezialist Christophe Kaufmann sagte: «Die ADHS-Welle kommt!» Wenn erwachsene ADHS-Betroffene nicht behandelt würden, soll es schwerwiegende Folgen haben. Sie seien potenzielle Raser auf der Strasse, hätten häufiger ungeschützten Geschlechtsverkehr, verübten öfter Gewalt, konsumierten eher Drogen oder hätten schwere seelische Krisen. Das Bundesamt für Gesundheit hat reagiert. Seit dem 1. Juni ist das Medikament Concerta zur Behandlung von ADHS unter verschiedenen Bedingungen vollumfänglich kassenpflichtig in der Grundversicherung.

Die grösste Schweizer Krankenkasse, Helsana, belegt mit einer Studie: «Der Trend bei Erwachsenen, welche Ritalin und Analoga verschrieben bekommen, geht klar nach oben.»

Christian: Ja, klar nehmen viele Erwachsene vermehrt Ritalin, aber nicht weil sie ADHS-Betroffene sind, sondern weil sie der Gesellschaft, sprich ihrem Arbeitsplatz, nicht mehr gerecht werden können! Sicher gibt es auch Erwachsene, die die Diagnose ADHS bekommen, weil die Ärzte vermehrt darauf sensibilisiert sind. Schliesslich haben Ärzte eine sehr grosse Marge bei Medikamenten. Die Krankenkasse sieht in ihrer Studie nicht, wie viele «echte ADHS'ler» darunter sind.

Da vermehrt illegal von Studenten Ritalin konsumiert wird und diese auch nicht von den Krankenkassen erfasst werden, wird die Statistik durch das verfälscht. Noch schlimmer, wenn der Bundesrat eine Studie macht und sich dabei auf Krankenkassenzahlen beruft!

Ein wichtiger Schlüssel

Ich möchte da eine Episode erzählen, die ich erlebte. Lies dieses Kapitel bitte genau durch, mache dir Gedanken darüber, denn es ist ein massgebender Baustein, um unser Denken zu verstehen.

Ich arbeitete mit einer Forschungsgruppe über die Kreiselwirkungen. Ein Physiker erzählte, dass ein bestimmter Kreisel ab einer bestimmten Umdrehungsgeschwindigkeit weniger Eigengewicht habe als ohne Rotation. Ich fragte bei meinen Kumpels im Universum nach. Ich versuche die Antwort meiner Kumpels zusammenzufassen:

«Die Welt, so wie ihr sie als Menschen seht, ist nur ein kleiner Teil vom ganzen, effektiven Universum. Das gesamte Universum ist in sieben Platten aufgeteilt. Eine davon ist das Sonnensystem, so wie ihr es kennt, so wie ihr es seht respektive mit euren Augen wahrnehmt, mit Ferngläsern, Teleskopen oder über Satelliten.

Alles, was ist, besitzt eine bestimmte Schwingung. Alles lebt, sogar ein Stein oder was sonst ihr als Menschen als feste Bestandteile wahrnehmt.

Der Grund: Das ganze Universum, das sieben solche Universen umfasst wie euer Sonnensystem, dreht 18-mal schneller als die Lichtgeschwindigkeit. Demzufolge schwingt das gesamte, sieben Platten umfassende Universum mit 18-facher Lichtgeschwindigkeit höher als euer Sonnensystem.

Das ist die Grundschwingung des gesamten Universums, die ihr aber so nicht wahrnehmen könnt. Dies ist der Grund, weshalb ihr zum Beispiel die Schwingungen eines Steins, einer **festen** Materie nicht wahrnehmen könnt. Ihr Menschen nehmt die Schwingungen innerhalb eures Sonnensystems nur beschränkt wahr.

Es gibt aber Menschen, die über das dritte Auge auf der feinstofflichen Ebene die Schwingungen des allumfassenden Universums wahrnehmen und sogar nutzen können.

Da das Sonnensystem in der Abfolge von oben nach unten an dritter Stelle steht, sind die Zentrifugalkräfte nicht ganz so hoch wie in den äusseren Universums Platten.

Diese verschiedenen Zentrifugalkräfte und Schwingungen können also genutzt werden. Die Ägypter wurden seinerzeit mit den Fähigkeiten ausgestattet, sie zu nutzen. Sie konnten sie so einsetzen, dass diese Kräfte beim Bau einer Pyramide die Arbeit vereinfachten respektive überhaupt möglich machten.

Sie konnten sich mit der hohen universellen Schwingung verbinden und mit der Wirkung ihrer Schwingung die Felsbrocken zuschneiden wie mit einem Laserstrahl. Sie konnten dann diese grossen Steinklötze durch eben diese Schwingungen auch schwerelos machen und so die Pyramiden aufbauen.

Es war nichts anderes als der in der heutigen Zeit Löffel verbiegende Uri Geller!

Es gibt auch Leben in den anderen Universums Platten. Ihr Menschen würdet diese Wesen als Ausserirdische bezeichnen. Manchmal kommt es dann vor, dass sie die Schwingung ihrer Transportvehikel (von euch Ufos genannt) so herunterfahren, dass sie für euer menschliches Auge sichtbar werden.

Auch zum Beispiel Kornkreise und ähnliche Phänomene entstehen durch das Verändern von Schwingungen. Das Kornfeld respektive der einzelne Halm hat eine bestimmte Schwingung, damit er überhaupt stehen kann. Nimmt man ihm diese Schwingung, fällt er um.

Diese hohen Universums Schwingungen werdet ihr Menschen in nächster Zeit, sprich in den nächsten hundert Jahren, auch nutzen können, um Energie zu gewinnen, völlig umweltfreundlich...

Das ist unsere und wird dann eure nutzbare, umweltfreundliche Energiequelle, wenn ihr zum Beispiel das Erdöl aufgebraucht haben werdet.»

Also, der Kreisel, um den es ging, wird schwerelos, weil er bei einer bestimmten Schwingung die Schwingungen des gesamten Universums nutzen kann. So völlig unerwartet kam ich zu einer Information, die unsere Welt noch verändern wird.

Du siehst, lieber Leser, liebe Leserin, jeder Mensch hat seine Geheimnisse, so auch ich ... Nur spreche ich sehr selten darüber. Ich schrieb dies nur nieder, weil es zur Lüftung eines Geheimnisses über unserer Denken gehört. Diese Botschaft, die ich da bekam, wird unsere Welt in den nächsten hundert Jahren verändern. Das wird auch einmal ein separates Buch füllen.

Viele Indigos erfahren solche Dinge schon in frühester Jugend. Kannst du dir vorstellen, dass uns solche Wahrheiten manchmal zu schaffen machen, dann, wenn wir von den Eltern nicht ernst genommen werden? So wurden und werden wir dann oft mundtot gemacht. Vielleicht verstehst du jetzt besser, weshalb manche von uns später in die Sucht ausweichen, um aus dieser Welt zu flüchten, wo uns niemand versteht, verstehen will, weil es Dinge gibt, die nicht gerne gehört werden. Viele von uns werden als Träumer und als noch nicht schulreif erklärt. Oft wird dann einfach ein Medikament wie Ritalin verabreicht, damit wir ruhiger sind, still sitzen, der Welt gerecht werden … Ausgerechnet gegenüber jenen Menschen dieser Welt, denen wir noch sehr viel erklären möchten …

Heute schweige ich oft, weil ich ein normales Leben führen möchte. Wie soll ich all das denn beweisen, damit man mir glaubt? Wo doch letzthin ein Astronom sagte: «Ich glaube nichts, was ich nicht sehe und was nicht ganz klar bewiesen ist. Es gibt kein anderes Universum als das, welches wir kennen und in dem wir leben.» Traurig, dass Wissen so beschränkend sein kann.

Jetzt verstehst du vielleicht, warum viele Hochbegabte sehr einsam sind, sich manchmal völlig zurückziehen, weil uns niemand verstehen will, oder kann.

Und so oder ähnlich ergeht es auch vielen anderen hochbegabten Wesen. Es gab uns schon immer. Alle hatten sie eine Aufgabe, die etwas verändern sollte. Die einen schrieben wunderbare klassische Musik, die die Welt bewegt (Mozart, Beethoven ...), andere waren Erfinder (Einstein, Da Vinci ...), das vorhin erwähnte Volk der Ägypter baute Pyramiden, die heute noch Rätsel aufgeben.

Als ich übrigens bei den Universum-Kumpels nachfragte, warum die Ägypter diese Fähigkeiten nicht mehr haben, bekam ich zur Antwort, dass der Weltfrieden durch die Eifersucht und das Unfassbare in Gefahr sei und ihnen deshalb diese Kräfte wieder entzogen worden seien.

So rätseln viele Wissenschaftler Tag für Tag über die Wunder dieser Welt. Würde man uns fragen, gäbe es viele Antworten, denn im Grunde genommen ist alles erklärbar, auch das Unerklärbare.

Ich stelle gerade fest, dass ich über Dinge schreibe, über die ich noch fast nie geredet habe. Wenn, dann nur gegenüber Menschen, die mich verstanden. Ja, ich habe in den letzten Jahren viel Mut entwickelt, habe mich in meinem Sosein ganz gut angenommen und scheue vor (fast) keiner Aussage mehr zurück. Aber ich habe ja auch versprochen, dass in diesem Buch Erklärungen stehen, wie du sie noch nie zuvor gelesen hast.

Heute wundere ich mich überhaupt nicht mehr darüber, dass ich mich kurz vor meiner Geburt dem Leben entziehen wollte. Ich wollte mich nämlich mit Hilfe der Nabelschnur erdrosseln, trank auch Fruchtwasser. Ich wollte mein In-dieses-Leben-hineingeboren-Werden verhindern, weil ich wusste, dass kein einfaches Leben auf mich warten würde.

All diese Geschehnisse und Ähnliches lassen Hochbegabte und Indigos oft in eine Sucht flüchten, aus Angst, nicht verstanden zu werden! Ihr habt ja schon genug darüber gelesen, dass viele Hochbegabte und Indigos sehr grosse Egozentriker und durchgeknallte Wesen sind oder sein können.

Leider gab und gibt es unter uns auch Machthaber und Kriegsführer. Das ist ebenso eine Sucht, die Sucht nach Aufmerksamkeit, die zur Sucht nach Macht werden kann.

RITALIN-BOX-NEWS

Dezember 2010

Eingereichte Motion von Nationalrat Oskar Freysinger: Missbrauch von Ritalin eindämmen

Eingereichter Text: Der Bundesrat wird beauftragt, Swissmedic den Auftrag zu erteilen, konkrete Massnahmen zu ergreifen, um den steigenden Missbrauch von Präparaten mit dem Wirkstoff Methylphenidat (wie Ritalin) einzudämmen. Diese werden vermehrt auch von Erwachsenen eingenommen. Da sie als Aufputschmittel wirken, können sie zu erhöhtem Unfallrisiko führen. Zusätzlich sind solche Erwachsene absolut kein förderndes Beispiel für unsere Jugend.

Deshalb wird der Bundesrat aufgefordert, mit einer Informationskampagne die Öffentlichkeit auf die schädlichen Wirkungen von Präparaten, welche Methylphenidat enthalten, aufmerksam zu machen, da Methylphenidat der gleiche Wirkstoff ist, welcher auch in Kokain enthalten ist, und z. B. Ritalin auch in der Drogenszene unter dem Namen Kiddykoks vermarktet wird.

Begründung: In einem Artikel im «Tages-Anzeiger» («Ritalin boomt auch bei den Grossen», 23. März 2009) wird darauf hingewiesen, dass Ritalin vermehrt auch von Erwachsenen eingenommen wird. Diese verwenden jedoch höhere Dosen. Swissmedic wurde auch auf die Zunahme des Vertriebes von Grosspackungen (Ritalin 10 mg, 200 Tabletten) aufmerksam gemacht, da bei einer Analyse bei Grossisten eine markante Zunahme entdeckt wurde.

Im Fokus der Suva-Zeitschrift «Benefit» (4/2010) erklärte Geschäftsleitungsmitglied Edouard Currat unter «Über Chancen und Risiken von Suva-versicherten Arbeitnehmerinnen und Arbeitnehmern»: «So hat sich der Anteil der 19- bis 30-jährigen Ritalinbezüger von 2005 bis 2009 vervierfacht. Dem Schweizer Heilmittelinstitut Swissmedic wurden in dieser Zeit 189 Zwischenfälle mit Ritalin und verwandten Präparaten gemeldet. Solche Medikamente verändern das Bewusstsein und können das Unfallrisiko beeinflussen.»

Stellungnahme des Bundesrates vom 23.02.2011:
Der Bundesrat hat in der Vergangenheit bereits mehrmals zum Thema Verschreibung von Ritalin an Kinder und Jugendliche Stellung nehmen können. Er verweist insbesondere auf die Antworten zur Anfrage Guisan 02.1079, «Verschreibung von Ritalin», zur Interpellation Brunner Christiane 02.3243, «Verschreibung von Ritalin», zur Interpellation Bortoluzzi 02.3775, «Gesundheit für Kinder und Jugendliche», zur Anfrage Müller Walter 04.1179, «Ritalinmissbrauch», zur Interpellation von Siebenthal 09.3715, «Ritalin. Negative Folgen der Verabreichung an Kinder», zur Motion Geissbühler 10.3380, «Eindämmung der Verschreibung von Psychopharmaka an Kinder», und

zur Interpellation Freysinger 10.3567, «Ritalin».

Zwei der drei von Swissmedic zugelassenen Medikamente mit dem Wirkstoff Methylphenidat (Concerta und Focalin) sind auch bei Erwachsenen für die Indikation Aufmerksamkeitsdefizit-/Hyperaktivitätsstörung zugelassen, nicht nur für Kinder und Jugendliche. Ritalin hingegen kann bei Erwachsenen nur für die Indikation Narkolepsie (Schlafstörung) eingesetzt werden. Die Verschreibung dieser Medikamente liegt in der alleinigen Verantwortung der behandelnden Ärztinnen bzw. Ärzte. Diese sind verpflichtet, bei der Verschreibung und der Abgabe von Arzneimitteln die anerkannten Regeln der medizinischen und pharmazeutischen Wissenschaften zu beachten (Art. 26 Abs. 1 des Heilmittelgesetzes; SR 812.21). Eine Einmischung in das Vertrauensverhältnis zwischen Arzt und Patient, beispielsweise mittels einer Kampagne, steht für den Bundesrat nicht zur Diskussion.

Angesichts der Tatsache, dass Swissmedic in den Informationen für Fachpersonen wiederholt an die korrekte Verwendung der Präparate erinnert hat («Fragen und Antworten zum richtigen Gebrauch von Methylphenidat», Quelle: www.swissmedic.ch/marktüberwachung), erachtet der Bundesrat die vorliegenden Informationen für Fachpersonen zur korrekten Anwendung von Methylphenidat-haltigen Arzneimitteln als ausreichend. Er sieht deshalb keinen Handlungsbedarf für eine weiter gehende Informationskampagne.

Antrag des Bundesrates vom 23.02.2011: Der Bundesrat beantragt die Ablehnung der Motion.
Der Nationalrat stimmte dieser Motion im Juni 2013 jedoch mit 163 zu 10 Stimmen zu!
Der Ständerat wiederum schmetterte am 17.3.2015 die Motion ohne eine Gegenstimme bachab.

Begründung des Ständerates: Der Ständerat sieht keinen Grund, die Verschreibung von Ritalin einzuschränken. Er hat einen Vorstoss ohne Gegenstimme abgelehnt, der im Nationalrat noch eine Mehrheit gefunden hatte. Gemäss der Motion der nationalrätlichen Gesundheitskommission sollte der Bundesrat dafür sorgen, dass Ritalin nur dann verschrieben wird, wenn es wirksam, zweckmässig und wirtschaftlich ist sowie im Rahmen einer umfassenden Therapie und Behandlung verabreicht wird. Die kleine Kammer folgte ihrer vorberatenden Kommission, die sich auf einen Bericht des Bundesrates vom vergangenen Jahr stützte. Gemäss diesem hat die Verschreibung von Ritalin zwar zugenommen, doch werden Kinder und Jugendliche nicht missbräuchlich damit behandelt.
Eine Aussage aus der Sitzung im Wortlaut: Gutzwiller Felix: «Ich möchte nur noch kurz die Kommissionspräsidentin unterstützen, die das gut zusammengefasst hat. Es mag ja erstaunen, dass dieselbe Motion im Nationalrat praktisch einstimmig durchgegangen ist und bei uns ohne Gegenstimme abgelehnt wird. Ich glaube allerdings, die Positionen sind nicht so völlig unterschiedlich. Die Motion ist

überflüssig, indem sie sagt, dass Ritalin nur verschrieben werden soll, wenn es wirksam, zweckmässig und wirtschaftlich ist. Das ist genau der Wortlaut des Gesetzes – Artikel 32 KVG –, dem alle entsprechenden Substanzen unterstellt sind. Es gibt also keinen Grund, das hier wiederum zu sagen. Zudem zeigt der Bericht des Bundesrates gut, wie die Problemlage ist. Ein Monitoring, wie vorgeschlagen, ist wichtig, Qualitätsverbesserungen in der Aus- und Weiterbildung sind es ebenfalls. Das kann aber in den Händen der Fachkommission bleiben.

Ich möchte mich zum Schluss einer Bilanz zu dieser Thematik anschliessen, wie sie kürzlich, am 5. März, aufgrund persönlicher Erfahrungen von Andreas Valda* im «Tages-Anzeiger» formuliert wurde: «Die tägliche Pille kann hilfreich sein, um das Kind aus einer Spirale von schulischem Misserfolg und gestörtem Lernverhalten herauszuholen. Die Grenze kommt automatisch, wenn Kinder die Einnahme verweigern. Die Möglichkeit der elterlichen Selbsterfahrung ist heilsam. Der Staat sollte sich da heraushalten.» Das ist richtig so, die gesetzlichen Grundlagen genügen, die zusätzlichen Massnahmen auch. Deshalb kann man diese Motion getrost ablehnen.»

**Christian: Der erwähnte Tages-Anzeiger-Bericht von Andreas Valda folgt in einer weiteren Ritalin-Box-News.*

Wie denken wir?

Das Schwierigste ist es, unser Denken zu beschreiben. Ich muss es aber versuchen, weil unsere Fähigkeiten mit der Wahrnehmung und dem Denken beginnen.

Ich hatte alle Gedanken im Kopf, wie ich es umschreiben möchte. Dies jedoch mit meinem 3- bis 5-Finger-System in die Tastatur zu bringen, ist ein sehr schwieriges Unterfangen. Denn die Gedanken sind um Lichtgeschwindigkeit schneller. Ich muss immer wieder aufstehen, eine Runde in meiner grossen Dachwohnung über dem wunderschönen Zürichsee drehen, die Sterne, den Mond, die vielen Lichter betrachten, um wieder auf die Geschwindigkeit meiner Finger herunterzufahren. Ich versuche es mal so.

Der normale Denker:

Dabei gehen wir in die gute alte Schwarz-Weiss-Stummfilmzeit zurück. So denkt die Allgemeinheit, es folgt ein Bild dem anderen. Jedes Bild stellt eine Sequenz von beispielweise einer Zehntelsekunde dar. Die einzelnen Übergänge sind noch gut sichtbar. Bild um Bild wird abgespult und kann so dennoch als Film betrachtet werden. Auch wenn die Bilder noch nicht so deutlich sind, wird die Handlung trotzdem gut sichtbar wahrgenommen.

Wir Hochbegabten denken auf der feinstofflichen Ebene bis zu x-tausendfach schneller, weil wir die Fähigkeit haben, uns mit den enorm hohen Schwingungen aus dem Universum zu verbinden, wo es keinen Raum und keine Zeit gibt, wie es bereits Einstein zu erklären versuchte. Wir verbinden uns also mit diesen extrem hohen Schwingungen und denken auch in dieser Schwingungsintensität.

So kann ein Bild in wenigen Millionstelsekunden wahrgenommen werden, und so können wir auch in dieser Geschwindigkeit denken.

Verglichen mit dem Schwarz-Weiss-Stummfilm, der als Denkmuster für «normale» Menschen gelten kann, denken wir also in modernster digitaler Filmtechnik. In einer Tausendstelsekunde entstehen so über 2000 Bilder, hinzu kommen Ton und andere Spezialeffekte. So erzeugen wir in einer Zehntelsekunde mehr als 500 000 Gedanken, Bilder, Situationen, die zusätzlich mit Gefühlen und Emotionen hinterlegt sind.

Also, wenn du einen Schwarz-Weiss-Stummfilm siehst, sehen wir in der gleichen Zeit den neusten Hightech-Film. Jetzt kannst du dir vielleicht vorstellen, wie viele Gedanken, Überlegungen, Bilder, Gefühle, Emotionen und Eindrücke mit unserem digitalisierten Denken, Handeln und Fühlen gegenüber dem alten Charlie-Chaplin-Film entstehen. Es ist ein Hunderttausendfaches mehr!

Obwohl wir auf diese Art sehr viel mehr wahrnehmen und denken, möchten, ja können wir manchmal dieses Denken gar nicht mitteilen.

Und so sehen auch wir nur einen Film. Jeder Film, jede Handlung vermittelt uns aber viel mehr, nur können wir unser Empfinden dabei nicht immer erklären. Wir erfahren in der gleichen Zeit viel mehr Eindrücke, wir denken über eine Handlung viel komplexer und ziehen assoziativ noch viele andere Eindrücke hinzu. Am Schluss einer Handlung, eines Films, machen wir vielleicht Aussagen zu Ereignissen, die erst in Monaten, Jahren oder noch später eintreffen werden. Müssen wir das erklären, fällt es uns meist sehr schwer, weil wir die schnell abgelaufenen Gedankengänge nicht mehr nachvollziehen und unser Denken nicht erklären können. Ich hatte als Unternehmer viele solche Voraussagen gemacht, die erst Jahre später eintrafen, doch hatte mir zum gegebenen Zeitpunkt noch niemand geglaubt. Ich hätte meine Firma einmal gewinnbringend verkaufen können, nur konnte ich es mit meinem Gewissen nicht vereinbaren, weil ich wusste, dass die Branche vier bis fünf Jahre später zusammenbrechen würde. Ich wusste es im Voraus und verzichtete so auf den Gewinn von mehreren Millionen. Ich schloss zwei Jahre später meine Firma ohne Gewinn, und niemand verstand mich. Heute, über sieben Jahre später, verstehen mich die damals Ratlosen, denn ich hatte Recht: Die Branche gibt es so, wie ich und andere sie betrieben, nicht mehr.

Unser Denken kann aber auch zur Folge haben, dass viele hochbegabte Schnelldenker sich in ihren Gedanken verlieren und sich in der Schule nicht konzentrieren können. Dieses gefangene Denken möchten die Schulmediziner, Psychologen und Pädagogen mit einem Medikament eindämmen. Kannst du dir vorstellen, wie wir uns dadurch im Denken eingesperrt fühlen?! Kannst du dir auch vorstellen, dass wir dabei irgendwann mal explodieren? Wundert es dich, dass wir aggressiv werden? Und wir unser Denken wiederum nicht erklären können?

Wir können wohl ein Problem lösen, einen Heilprozess unterstützen, ein Bild malen, eine Sportart betreiben und alles, was wir dazu benötigen, in diese extrem hohen Schwingungen versetzen, aber wir können und wollen es der Allgemeinheit nicht immer erklären, weil es dafür oft keine Worte, sondern nur Bilder, Emotionen, Gefühle und Schwingungen gibt. Damit beginnt spätestens mit dem Eintritt in die Schule ein grundsätzlicher Konflikt, denn dort will man uns beibringen, wie wir zu denken haben, und das ist tragisch für uns!

Die Vorteile unserer schnellen Denkweise

Diese Denkweise, dieses Hightech-Filmtechnik-Denken ist unser Vorteil, unsere Hochbegabung. Genau das ist es! Dieses Denken ist der Schlüssel zu unserem Sein.

Durch dieses Denken durchstreifen wir sehr viele Ebenen des Bewusstseins. Wir können so in einer bestimmten Situation verschiedene Möglichkeiten, verschiedene Lösungswege bildlich extrem schnell durchdenken. Wir betrachten die Sache aus verschiedenen Perspektiven. Dies geschieht aber in höchstens der gleichen Zeit, in der ein normaler Denker sich mit einem einzelnen Aspekt beschäftigt. Ich erkläre es dir am Bespiel eines hochbegabten Sportlers.

«Du bist, was du denkst.»

Kürzlich sah ich am Fernsehen ein Tennis-Match. Es spielte Roger Federer, die während mehrerer Jahre unangefochtene Nummer eins der Welt, und er gewann ganz klar. Er ist im Bereich Sport ein sensationelles Beispiel eines hochbegabten Genies. Er hat die Fähigkeit, sich mit der Sportart auf allen Ebenen zu verbinden, so dass er (fast) unbesiegbar ist. Wen wundert es, dass viele sagen und schreiben: «Der ist von einem anderen Stern!»

Durch seine extrem feinfühlige Wahrnehmung und sein Denken schwingt er sich mit dem Stadion und auf den Gegner ein, nimmt die Schwingungen, die Gefühle auf. Dann setzt er all diese Faktoren, diese verschiedenen Ebenen ein und spielt sein Spiel, sein Resultat der Wahrnehmung und des Denkens. Wenn wir ihn während eines Matches beobachten, können wir sehen, wie hoch konzentriert, wie unheimlich präsent er auf dem Tennisplatz ist. Er spielt seinen eigenen Hightech-Film ab. Für ihn ist dies aber nur die Folge seiner Gaben, seiner Berufung. Gewinnt er, ist es das Selbstverständlichste auf der Welt. Es ist nur die Quintessenz seines Seins, Denkens und Handelns. All seine Erfolge haben ihn als Menschen nicht verändert. Das Verrückteste am Ganzen ist, dass er als eine der wenigen Sportler-Persönlichkeiten diese Wunder phasenweise ohne Coach vollbringt! Er ist auch fast nie verletzt, höchstens manchmal etwas müde.

Diese Hochbegabten gibt es auch im Mannschaftssport, zum Beispiel im Fussball. Dort ist der Coach der Zauberlehrling, der die Mannschaft mit seiner ganzen Ausstrahlung in die Gegebenheiten, in die Schwingungen des Fussballfeldes und seiner Strategie versetzt. Das beginnt jedoch nicht erst beim effektiven Spiel auf dem grünen Rasen, sondern bereits in der ganzen Vorbereitung, im Training. Er sucht sich, sofern es möglich ist, die Spieler aus, die seinem Denken, seinem System, seiner Vision folgen können.

_ Nachtrag 12. September 2011. Roger Federer ist leider nicht mehr sooo dominant wie damals, als ich das Vorhergehende geschrieben habe, doch er spielt auch als Nummer 3 der Welt immer noch megageiles Tennis! Viele haben ihn über die Jahre seiner Dominanz kopiert, und mittlerweile sind Spieler aufgetaucht, die etliche Jahre jünger sind als der Vater Roger... Er ist der bisher grösste Tennisspieler aller Zeiten und wird dies noch lange bleiben.

_ Nachtrag 10. Januar 2015, kurz bevor dieses Buch in Produktion geht. Federer hat im Jahr 2014 wieder grosse Wunder vollbracht! Er ist kurz davor, wieder die Nummer 1 zu werden, hat den Davis-Cup gewonnen. 74 Siege, 11 Niederlagen...

Unsere hohe Schwingung

Durch die hohe Eigenschwingung, die unserem Körper innewohnt, können uns viele nicht fassen. Bei einigen sind diese hohen Eigenschwingungen im Alter von drei bis vier Jahren schon vorhanden, bei anderen entstehen sie allmählich, im Laufe der Zeit. Meine Schwingungen stiegen in den letzten Jahren extrem an.

Dies ging meistens folgendermassen vor sich: Wenn ich in einer Reihe von Behandlungen viel auflösen konnte, das heisst, eine sehr intensive Zeit hatte, wurde ich jeweils krank und bekam hohes Fieber, zwischen 39 und 41 Grad. Ich schwitzte dann nächtelang T-Shirt um T-Shirt durch. Nach jeweils zwei bis sieben solcher Nächte verschwand dann das Fieber innerhalb weniger Minuten, und meine Eigenschwingung war deutlich höher als vor dem Fieber. Während diesen fiebrigen Schweissausbrüchen bekam ich Hinweise, was ich nach der Genesung an meiner Arbeit verändern sollte.

So verkürzte sich zum Beispiel die reine Behandlungszeit um jeweils ein Mehrfaches. Hatte ich dann nicht den Mut, die Terminplanung den Hinweisen entsprechend anzupassen, sassen einfach mehrere Klienten gleichzeitig vor der Türe, und so musste ich meine höheren Schwingungen zulassen. Glaube mir, ich als alter Perfektionist und Dienstleistungsunternehmer brauchte sehr viel Mut und Gelassenheit, das geschehen zu lassen.

Viele Menschen sind damit überfordert, vor allem im privaten Bereich, und reagieren manchmal dementsprechend seltsam. Sie spüren, dass irgendetwas anders ist, aber sie wissen nicht was. Ich erlebte es sehr deutlich in meinen Beziehungen zu den liebevollen weiblichen Wesen. So oft musste ich meinen Weg allein weitergehen, konnte das meiner Partnerin aber nicht erklären. Durch diese hohen Schwingungen nehmen wir eben auch viel mehr wahr als die grosse Masse. Wir bemerken etwas sehr früh, was für andere (noch) unerkennbar bleibt. Man kann uns nicht belügen, wir spüren es. Durch die hohen Schwingungen können wir uns in eine andere Seele, in einen anderen Körper einschwingen, einfühlen, hineinschauen. Nicht nur in Menschen, auch in Tiere.

Die Arbeit mit Sportpferden

Erschrecke nicht, liebe Leserin, lieber Leser, wenn ich jetzt zu meiner Beziehung zu den Sportpferden wechsle, denn thematisch bleibe ich bei der Sache.

Ich arbeite nebenbei noch mit Sportpferden. Wenn ich jeweils auf den Rennplatz komme, nehmen die Rennpferde mich wahr, bevor sie mich sehen. Sie spüren jeweils meine Anwesenheit, meine Schwingungen, auch wenn ich in der vierten oder fünften Reihe beim Führring stehe. Pferde sind wunderbare Tiere. Sie haben ähnliche Charaktereigenschaften wie die Menschen. So gibt es auch klar erkennbar hochbegabte Pferde! Wenn ich mit ihnen arbeite, schwinge ich mich in sie ein und kommuniziere mit ihnen auf einer gedanklichen, telepathischen Ebene. Ich eruiere so zum Beispiel den besten Zeitpunkt für einen Angriff im Rennen. Das Pferd strahlt in diesem Moment ein ganz spezielles Gefühl aus, wenn es aus seiner Sicht den Kick zum Angreifen spürt. Diesen Zeitpunkt gebe ich an den Trainer weiter, der dann seinem Jockey die entsprechende Anweisung gibt. Das hat nichts mit Manipulation zu tun, es wird lediglich der beste Moment ausgesucht, um dem Pferd die Freiheit zu geben, am Rennen seinen grösstmöglichen Spass zu haben. Auch ein Pferd braucht Erfolgserlebnisse, Siege. Ich arbeite auch mit dem jeweiligen Trainer zusammen, damit das

Pferd möglichst auf optimalen Distanzen eingesetzt werden kann. So können zum Beispiel viele Verletzungen verhindert werden. Verletzt sich ein Pferd dennoch, verbinde ich mich mit ihm, spüre über meinen Körper seine Verletzung und kann so noch meine goldenen Hände zur Heilung einsetzen. Damit kann auch verhindert werden, dass das Pferd wegen einer ernsthafteren Verletzung aus dem Rennbetrieb ausscheidet, denn durch meine Behandlung wird die Regenerationszeit um 60 bis 80 Prozent verkürzt.

Dies alles dank der göttlichen universellen Schwingung, dem goldenen Licht.

**«Das Unmögliche wird möglich,
wenn wir es einfach tun, zulassen.»**

Alfred Brendel

Vor einiger Zeit durfte ich das Konzert eines hochbegabten Musikers geniessen. Alfred Brendel ist einer der herausragendsten Pianisten unserer Zeit.

Es gibt viele hochbegabte Musiker. Ich wähle bewusst Alfred Brendel, weil ich das Phänomen anhand eines persönlichen Erlebnisses aufzeigen kann.

Angefangen hat das Ganze 2005. Ich sah an einem Sonntagnachmittag zufällig einen Dokumentarfilm über Alfred Brendel (wenige Tage später, am 5. Januar, wurde er 75 Jahre alt). Als ich ihn sah und seine Musik hörte, war ich verzaubert. Wann immer ich an dieses Erlebnis denke oder seine Musik höre, bin ich berührt.

Er ist ein bescheidener Mann, der gar nicht anders kann, als göttlich Klavier zu spielen, ein Magier.

Er erzählte über sich, dass er gar kein Wunderkind gewesen sei. (Dies ist übrigens ein typisches Merkmal bei Hochbegabten – sie sehen sich selbst als ganz normal.) Er stammt aus einer Familie, in der niemand Klavier spielte. Er könne sehr schlecht ab Blatt spielen, er wisse auch nicht, weshalb er diesen Erfolg habe. Als kleiner Junge hörte er jeweils die Platten, die in der Gaststätte, in der sein Vater arbeitete, aufgelegt wurden, und sang mit. Später studierte er Musik an unbekannten Musikschulen.

Alfred Brendel scheut das Publikum, die Menschen. Nach einer Tournee zieht er sich in seine Villa in England zurück, wo er noch heute lebt. Dort findet er Ruhe und Zeit für sich, kann sich von den Konzerten erholen. Er sieht seine Aufgabe im Klavierspielen, nicht im Rummel des öffentlichen Scheinwerferlichts, den meidet er, wo er kann. Für ihn ist wichtig, dass er spielt, was das Meisterwerk von ihm verlangt: Er versetzt sich in die Zeit der Entstehung, schwingt sich in das Meisterwerk, in den Komponisten ein und spielt wie in einer anderen Zeit, in einer anderen Welt. Er lässt sich intuitiv von allen Gegebenheiten führen.

Und dann fing er vor Jahren an, Gedichte zu schreiben, er schreibt darin über sich selbst. Als ich die Gedichte das erste Mal hörte, wusste ich, dass er auf diesem Weg versucht, sich und seine Gabe verständlicher zu machen.

Alfred Brendel sprach im erwähnten Film auch über ein wesentliches Detail seiner Musik: «Die Musik hat ein Konzept, und dazu gehört auch das Instrument. Viele Pianisten setzen sich an einen Flügel und wollen sich als herausragende Musiker darbieten. Doch das geht nicht. Du musst dich zum Flügel hinsetzen, dich mit ihm auseinandersetzen, mit ihm spielen, ihm deine Musik mitteilen. Du musst dich mit ihm einschwingen. Nur dann gibt er dir deine Musik, die Musik des Komponisten wieder, sonst macht er mit dir, was er will.» So viel zum Thema Schwingungen. Ja, er schwingt sich in einen Flügel ein, weil der eben auch eine Seele hat, weil er nicht nur ein Stück Holz mit Saiten ist. Er war einmal ein Baum, ein Baum mit einer Geschichte, bis eines Tages Mister Steinway & Sons ihn fällen liessen, lange lagerten und ihn schliesslich in einer Bauzeit von mehr als einem Jahr zu einem beseelten Konzertflügel verarbeiteten.

Alfred Brendel beschreibt sich selbst als einen gegensätzlichen Menschen: »Auf der Bühne sich gehen lassen, doch sich selbst kontrollieren. Ich muss mir vorstellen, was ich tun werde, aber auch zuhören, was ich gerade getan habe, und dementsprechend darauf reagieren. Das ist die Mehrfachspaltung der Persönlichkeit.» In diesem Zusammenhang zitierte er eine seiner ehemaligen Klavierlehrerinnen: «Du musst immer mit der Frische spielen, die du beim ersten Mal hattest, aber gleichzeitig deine gesammelte Erfahrung einbringen.»

Und so ging ich Monate später an eines seiner Konzerte. Es war mein grösster Wunsch, diese Persönlichkeit, diesen hochbegabten Jungen im zarten Alter von 75 Jahren zu erleben, zu erfahren. Ich freute mich wie ein kleines Kind.

Kultur- und Kongresszentrum Luzern, am 24. November 2006. Das Saallicht wurde heruntergefahren. Alfred Brendel kam in kleinen, kurzen Schritten wie ein Pinguin über die Bühne, setzte sich voller Tatendrang an seinen Flügel, der ihm bestimmt gehorchen würde.

Es wurde still im Saal, er wartete, bis völlige Ruhe herrschte. Dann fing er an – seine Finger schwebten wie eine fliegende Untertasse durch das Universum, über die Tasten. Es knisterte in der Luft, als wäre auch Harry Potter, der kleine Zauberlehrling, an jedem Sitzplatz vorbeigehuscht und hätte alle in den Zauberschloss-Brendel-Bann gezogen. Ich sass mit geschlossenen Augen da, und während ich der Musik lauschte, spürte ich die ganze Umgebung. Draussen eine kühle Novembernacht mit umherschwirrenden Blättern, die sich langsam Richtung Vierwaldstättersee bewegten, unter der Kappelbrücke durch, auf eine grosse Reise … und Alfred Brendel spielte göttlich vor sich hin, träumte in den Armen von Joseph Haydn, tanzte mit Franz Schubert und verfolgte Wolfgang Amadeus Mozart. Allesamt waren auch sie solch hochbegabte Seelen von einem anderen Stern.

Pause, Licht an, die Zeit blieb stehen und dennoch nicht, Alfred Brendel verliess mit seinen eleganten Pinguin-Schritten die Bühne.

Pause zu Ende, und so kam er wieder, in grossen Schritten. Diesmal wartete er nicht, bis alle ihre Hüsterchen getan hatten, sondern begann gleich – wie ein Feuerwerk. Uff, da musste Mozart knapp an einer Kugel vorbeigerannt sein, als er dieses Stück aufs Papier kritzelte! Danach, in der Lücke vor dem folgenden Stück, wieder die üblichen Hüsterchen. Er, der Zauberer vom Brendel-Schloss, blickte gemächlich ins Publikum, seine Gedanken, nicht hör-, aber spürbar: «Wie wäre es, ich möchte beginnen, habe echt ein Meisterwerk vorzutragen.» Es getraute sich kaum jemand mehr zu atmen, und er spielte, zauberte wieder. Irgendwann war Schluss.

Fast unbemerkt verging die Zeit in Lichtgeschwindigkeit. Alle sassen da, in einer anderen Welt. Es war herrlich zuzusehen, wie die Menschen es gar nicht fassen konnten. Sie applaudierten, baten den Meister nochmals auf den Planeten Erde zurück, in den Brendel-Schlossgarten.

Ende der Vorstellung, Licht an, alle standen sie auf, wie in Trance, und verliessen benommen den Konzertsaal, als hätte jeder einzelne eine Kristallschale voller Mozartkugeln, dekoriert mit einem Sahnehäubchen von Haydn und Schubert, geschlemmt.

Alfred Brendel brachte es fertig, alle in die Arme der Meisterwerkkomponisten zu schliessen.

Es war eines der bewegendsten Konzerte, die ich je besucht hatte. Ja, es ist ein unbeschreiblicher Traum, dem Konzert eines hochbegabten Pianisten beiwohnen zu dürfen. Es waren mitunter die schönsten Schwingungen, die ich über meine Hellfühligkeit in einer grossen Menschenmenge wahrnehmen durfte. Immer wieder denke ich an dieses Konzert und werde jedes Mal aufs Neue in meiner Seele berührt.

Spass muss sein

Hochbegabte und Indigos wollen Spass haben an dem, was sie tun. Ja, sie sind oft sehr verspielt, um nicht zu sagen kindisch. Alfred Brendel ist ein gutes Beispiel – ihm spürt man den Spass an seinem Tun an. Wenn man ihn so beobachtet, sieht er aus, als wäre er Moritz aus Wilhelm Buschs berühmten Bubengeschichten «Max und Moritz». Er hat unheimlich viel Schalk in den Augen, in seinem Gesicht, obwohl er auch extrem ernsthaft sein kann.

Für mich ist Spass auch lebenswichtig. **Haben wir an irgendetwas keinen Spass mehr, lassen wir es in der Regel bleiben.** Ich muss manchmal aufpassen, dass ich während meiner Heilarbeit nicht laut lache, da meine Kumpels aus dem Universum ebenfalls sehr viel Humor haben. Sind sie mal nicht bei Laune, wollen sie nicht so energievoll mittun, wie ich es gerne hätte, sage ich jeweils zu ihnen: «He kommt! Lasst uns Spass haben! Wirbelt diesen Körper mal etwas durcheinander. Dafür lade ich euch dann auf ein Bier ein, und seid ihr richtig gut, lege ich noch eine Pizza obendrauf.» Und so machen sie dann mit Freude mit.

So, ich habe genug von mir erzählt. Ich möchte dir, lieber Leser, liebe Leserin, wenn du schon bis hierhin durchgehalten hast, ohne dass ich dir ein Bier und eine Pizza versprochen habe, Gedanken, Worte zukommen lassen, die aus Hochbegabten- und Indigo-Seelen kommen.

RITALIN-BOX-NEWS

Aus einem Interview mit einem der bekanntesten Kabarettisten und Schauspieler der Schweiz, Marco Rima, und seiner Frau Christina

Ist der Marco auch privat so – aufgekratzt? «Nein, natürlich nicht», sagt Christina. «Kein Mensch kann pausenlos lustig sein.» Marco sagt: «Ich war als Kind ein Zappelphilipp. Aus heutiger Sicht hätte man mir Ritalin gegeben. Aber dann hätte es diesen verrückten Marco Rima nie gegeben.»

Botschaften und Sichtweisen von uns

Eine schwierige Lebensphase vor Jahren zwang mich, mich mit meinem Denken, meinen Sichtweisen näher auseinanderzusetzen. Ich trennte mich damals einmal mehr von einer Lebenspartnerin, konnte aber nicht verstehen, dass sie mich nie verstanden hatte, in meinem Verhalten, in meinem Sosein.

Doch wie? Ich selbst hatte ja keine Probleme mit mir. So bat ich andere Hochbegabte und Indigos um Rat.

Ich nahm Bücher über Hochbegabte und Indigos zur Hand. Ich las, was über einen bestimmten hochbegabten Menschen geschrieben worden war, und versuchte mich mit seiner Seele zu verbinden. Ich fragte sie, ob ich an ihrem Denken teilhaben, mich einklinken dürfe. Alle willigten auf Anhieb ein, und ich kam zu den unten aufgeführten Aussagen. Ich habe die Durchsagen eins zu eins übernommen.

Liebe Leserin, lieber Leser, sei dir bewusst, es sind persönliche Meinungen von Hochbegabten, und es kann sein, dass dir nicht alles verständlich ist. Sollte dich die eine oder andere Aussage vor den Kopf stossen, lass dich nicht irritieren. An die Aussagen habe ich jeweils meinen Kommentar angehängt.

«Wir können und wollen unser Denken nicht verbalisieren, denn es ist so schnell, dass wir dazu viel zu viel Zeit bräuchten.»

Wir denken sehr schnell, sehen – wie weiter vorne im Buch schon beschrieben – viele Wege und Möglichkeiten, um ans Ziel zu kommen. Müssten wir diese Gedanken von wenigen Sekunden zur Sprache bringen, würde es Stunden dauern, um sie zu beschreiben. Wir reduzieren die Aussage nur auf unsere Wahrheit, auf den Weg zum Ziel.

«Ist ein Gedankengang, eine Situation abgeschlossen und haben wir die Lösung oder sind am Ziel, entschwinden die tausend verschiedenen Gedankengänge und Wege sofort, um den Kopf wieder für Neues, Spannendes freizumachen. Das Ziel und die Lösung sind massgebend, nicht mehr der Weg.»

Nachdem wir das Ziel, die Lösung, unsere Wahrheit bekanntgegeben haben, sind alle Gedanken und Überlegungen, die zu diesem Ziel geführt haben, überflüssig, und wir löschen sie aus unserem Speicher. Wenn dann jemand im Nachhinein nochmals nach der Lösung fragt, kann es sein, dass wir diese nach zwei, drei Stunden bereits wieder vergessen haben, weil wir ja annehmen, dass unser Zielvorschlag angenommen wurde.

«Wir wollen keine Bücher über irgendwelche Theorien lesen, wir sind die Theorie und handeln dementsprechend.»

Selbst wenn unsere Meinung sich nicht mit Wahrheiten von Gelehrten deckt, heisst das noch lange nicht, dass unsere Meinung falsch ist, wir haben nur eine andere Betrachtungsweise.

«Wir lassen uns nicht von irgendwelchen Menschen oder deren Erfahrungen beirren, wir sind vollkommen davon überzeugt, dass wir schon richtig liegen, und handeln dementsprechend. Liegen wir trotzdem falsch, wollen wir unseren (harten und oftmals sturen) Schädel selbst anschlagen.»
Eben, wir wollen unseren Weg selbst erfahren, auch wenn er in die Sackgasse führt.

«Wer uns nicht erkennt, soll es bleiben lassen – er hat uns aber auch nicht verdient.»
Wir wollen uns nicht erklären, sondern möchten, dass man uns Glauben schenkt. Andernfalls können wir zum Beispiel eine Arbeitsstelle ohne weitere Begründung sofort verlassen. Wir machen nichts, was für uns keinen Sinn macht, selbst wenn es nur in unseren Augen so ist.

«Wir hassen Autoritätsspiele, wir haben selbst eine grosse Eigenverantwortung, wir brauchen nicht erzogen zu werden. Wir möchten nur, dass uns Achtung, Vertrauen und Respekt vorgelebt werden – auch von unseren Eltern.»
Je mehr uns jemand erziehen will, desto mehr stösst er

auf Ablehnung. Wir vertrauen und glauben Eltern, Pädagogen, Vorgesetzten nur, wenn sie wirklich authentisch sind. Sind sie uns unterlegen, aber trotzdem ehrlich und respektvoll, haben wir auch keine Probleme mit ihnen.

«Man darf uns ohne Weiteres arrogante und rechthaberische Menschen nennen, man darf uns beschimpfen, wir lassen uns sowieso nicht beeindrucken, weil wir wissen, dass wir richtig liegen. Es kann ja keiner wissen, dass wir uns für einen Weg 1000-mal mehr Gedanken machen. Dies jemandem klarzumachen, kostet uns jedoch zu viel Energie und Zeit.»

Wenn wir wirklich wir selbst sind und uns selbst die Chance geben, uns zu sein – mit allen Vor- und Nachteilen –, spielt es keine Rolle, wie über uns gedacht wird.

«Wir werden manchmal sehr sauer und aggressiv, wenn irgendjemand eine schlechte Entscheidung fällt, da wir meist im Voraus wissen, was sie für Auswirkungen haben wird – auch wenn diese erst in einem, zwei oder sogar fünf Jahren eintreffen. In so einer Situation sind wir perplex und können oder wollen es nicht verbalisieren.»

Auch wir können ratlos sein. Wir sind dann meist sehr traurig und in uns gekehrt.

«Wir sind nicht die hochbegabten Politiker und Manager von morgen und wollen es auch nicht sein. Wir wissen

selbst, was wir können, und wollen nur ernst genommen werden.»
Wir wollen nicht in ein Klischee gedrängt werden.

«Da wir in der Regel sehr schlecht trockene Theorien lernen können und wollen, bleiben uns höhere Fachausbildungen verwehrt. Die brauchen wir aber auch nicht – wir haben unsere eigenen Theorien. Dies hat nur einen Haken: Die Wirtschaft will uns ohne Papiere nicht anerkennen und annehmen. Wir setzen uns aber auch zu wenig für uns selbst ein, wir wollen einfach nur erkannt werden, mit Respekt und Würde. Wir sind Theorie.»
Nicht alle Hochbegabten können eine Fachhochschule durchlaufen, denn unser Denken lässt sich mit strukturiertem Denken nicht verbinden, oder es wird unterdrückt. Meistens gehen wir unseren Weg auch ohne Hochschulabschluss.

«Selbst als kleine Kinder denken wir schon wie Erwachsene und möchten auch so behandelt werden.»
Ja, so ist es einfach, Punkt. Doch da passieren meistens die ersten Unterdrückungen, die uns sogar verstummen lassen. In diesem Zusammenhang sind die Lebensjahre 3 und 4, 7, 9 und 11 ganz wesentlich.

«Unser Tun und Handeln ist nicht darauf ausgerichtet, um unser Ego zu füttern. Wir tun und handeln, um andere oder uns weiterzubringen. Unsere Gedanken und Handlungen

werden uns meistens aus dem Universum übermittelt.»
Eben, sehr oft hellsichtig und hellfühlend. Oft sogar ohne unser Wissen.

«Wir sehen uns einen Tisch an, von allen Seiten, mit allen Details, in wenigen Sekunden. Uns fällt auf unserer Wahrnehmungsreise ein winziges Wurmloch auf, als eines von Tausenden von Bildern. Wir sagen: Dieses Bein wird abbrechen. Wir verbalisieren dieses Wurmloch aber nicht, wir können und wollen nicht alle Eindrücke aufzählen. Für uns ist nur wichtig zu wissen, dass das Bein bestimmt abknicken wird.»

«Wir wollen uns nicht einordnen oder in einer Reihe hinten anstellen, das ist uninteressant und nicht spannend. Da verzichten wir lieber auf etwas.»
In einer Warteschlange oder mit dem Auto in einem Stau stehen, ein absoluter Stress!

«Wir bringen keine Leistung, keinen Einsatz für irgendetwas, das in unseren Augen nichts bringt. Wir wollen für unseren geistigen oder körperlichen Aufwand mit einem sinnvollen Resultat oder Ziel belohnt werden. Ansonsten ist es verschwendete Energie.»
Lieber nichts tun als etwas Unsinniges.
«Wir beenden etwas (Partnerschaften, Ehen inbegriffen), ohne es genauer begründen zu können, weil sehr viele Gedanken und Schritte zu diesem Entschluss geführt haben.

Unsere Entscheidung wird dann oft nicht verstanden. Es ist schier unmöglich, in einer solchen Situation die unzähligen Gedanken und Bilder und das Wissen, wie es in ein paar Monaten oder Jahren sein wird, in Worte zu fassen. Das ist ganz bestimmt eine sehr grosse Schwäche von uns. Versuchen wir es trotzdem, kann das wenige Gesagte sehr verletzend sein – verletzen aber möchten wir nicht!»
Wir wissen sehr wohl, was wir tun, auch wenn wir es nicht beschreiben können, möchten. Es ist für uns manchmal sehr schwierig, den richtigen Zeitpunkt zu erkennen. Manchmal fordern wir unser Gegenüber durch unser Sosein einfach zu sehr heraus.

«Wir haben uns dieses Leben ausgesucht, auch die ganze Umgebung. Wir wissen, was für eine Aufgabe wir uns vor unserer Geburt vorgenommen haben.»
Wir wissen jedoch nicht unbedingt gleich von Anfang an, was unsere Aufgabe, unsere Berufung auf dieser Erdkugel ist. Oft erkennen wir sie erst später – wenn überhaupt.

«Wir sprechen mit jedem Wesen, jeder Pflanze, jeder Materie, da alles beseelt und göttlich ist.»
Alles lebt und hat eine Seele inne. Selbst ein Stein, wenn er noch so unlebendig erscheint.
«Wir sind in allen Berufen und Berufungen anzutreffen, geben uns aber ungern zu erkennen, da dies oft viele Probleme und Missverständnisse nach sich ziehen würde. Zudem

wollen immer wieder geld- und machtgierige Menschen unser Potential für ihre Zwecke missbrauchen.»
Das bedarf wohl keiner Erklärung.

«Sind wir Sportler, sind wir der Sport selbst. Sind wir Heiler, sind wir die Heilung selbst. Wir machen nicht einfach etwas, wir sind es – authentisch.»

«Oft ist es unsere tiefste Absicht, nicht erkannt zu werden.»

«Wir sind nicht immer diplomatisch, wenn ihr uns etwas fragt, sondern beantworten die Frage einfach nur ehrlich und mit unserer Wahrheit. Wir nehmen an, dass ihr wisst, dass die Antwort nicht immer angenehm sein kann. Dies wiederum ist nicht unser Problem.»
Hat unser Gegenüber ein Problem damit, ist das seines, nicht unseres!

«Wir bewegen mit Sinn. Wenn das Problem in einer Firma bei der Person des Inhabers oder des Geschäftsführers liegt, sagen wir das. Wird nichts geändert, beenden wir unsere Arbeit, weil sie dann keinen Sinn macht. Wenn wir zum Beispiel eine Firma sanieren sollen, wollen wir es auch tun. Wird der Weg nicht erkannt, hat unsere Arbeit keinen Sinn. Das hat nicht etwa mit unserem Ego zu tun, sondern damit, dass wir wissen, warum wir etwas sagen oder tun.»
Da sprach wohl die Seele eines Unternehmensberaters.

«Besonders im geschäftlichen Bereich, im Haifischbecken Business, können wir berechnend sein, die Menschen aus taktischen Gründen täuschen, indem wir uns nicht oder nur unbekümmert äussern, sie mit unseren offenen (blauen) Augen in Sicherheit wiegen – um in Ruhe unsere Gedankengänge abschliessen zu können. Wenn der richtige Zeitpunkt gekommen ist, lassen wir die Katze aus dem Sack – die Wirkung ist so sehr effizient und schlagkräftig.»
Ja, das wandte ich als Unternehmer und Manager sehr oft an.

«Wir wollen im Leben etwas bewegen, erleben. Wir wissen, dass wir nicht auf den Kopf gefallen sind. Entgeht euch das, ist es nicht unser Problem.»

«Wir rebellieren und provozieren sehr gern und versuchen immer wieder, die Grenzen neu abzustecken, um etwas zu bewegen, zu bewirken. So kommen wir schneller an unser Ziel.»
Grenzen zu überschreiten und zu provozieren beschleunigt so manchen Prozess.

«Wir sind nicht krank, sondern nur anders. Kannst du damit nicht umgehen, ist es dein Problem.»
«Wir sind teilweise sehr einsam, weil wir nicht immer über das, was wir wissen, reden können oder weil uns niemand versteht. Glaubt nicht, unser Weg sei ein einfacher.»
Wir haben viele Geheimnisse und schützen uns auch,

indem wir nicht alles sagen wollen oder können.

«Wir haben teilweise Kontakt zu ausserirdischem Leben, aber wer glaubt uns das schon!»
Glaubst du es? Ich habe es selbst erfahren …

So viel zu unserem Gedankengut.

Als mich die Liebe des erwähnten wunderbaren weiblichen Wesens verliess, drückte ich ihr diese Botschaften in die Hände – damit sie mich eventuell besser versteht.
Sie gab mir zur Antwort:
«Christian, im ersten Moment empfand ich diese Botschaften als sehr arrogant und überheblich. Nach mehrmaligem Lesen konnte ich mich aber langsam darauf einlassen. Ich begann zu ahnen, dass ich dich nicht verstand. Ich verstand dich wohl nie, ich verstehe dich noch immer nicht, und ich denke, das wird auch so bleiben … Wenn ich dich heute zu kennen glaube, heisst das noch lange nicht, dass ich dich morgen immer noch kennen werde, weil du mit so grossen Schritten durch das Leben gehst und dich so schnell veränderst … Ich weiss, dass du mehr von mir weisst als ich selbst, und das ist und war nicht immer ganz einfach. Aber ich weiss auch, dass du es immer verdammt ehrlich gemeint hast.»

RITALIN-BOX-NEWS

Juli 2012

Ein Aargauer Arzt ist wegen zu hoher Abgabe von Ritalin zu einer Busse von 5000.– Fr. verurteilt worden. Er wurde verurteilt, weil er einer Suchtperson 13 800 Tabletten abgegeben hatte. Die Berufsausübungsbewilligung wurde ihm wegen mangelnder Vertrauenswürdigkeit aberkannt.

Das Hindernis Schule

Drei Jahre durfte ich in den Kindergarten, weil man mich für einen Träumer hielt. Dies geschah vor mehr als 48 Jahren auf dem wunderschönen Hirzel, hoch über dem Zürichsee. Damals hatte unser Dorf noch 680 Einwohner und einen Kindergarten in einem alten Schulhaus. Die Kindergärtnerin, damals Kindergartentante genannt, schien noch fast älter als das Schulhaus – aus meiner Sicht. Genauer nachrechnen konnte ich es ja noch nicht. Sie sagte, ich sei ein Träumer, ich sei noch nicht reif für die Schule. Das waren die ersten Schikanen in meinem Schulleben. Nein, ich träumte nicht, ich musste doch meinen Gedanken freien Lauf lassen, wenn der Unterricht so banal und gäggelihaft war. Ich langweilte mich dermassen, Dinge tun zu müssen, die ein kleines Kind schon konnte. Okay, ich war aus der Sicht der grossen Erwachsenen ja noch klein, aber in meinen Augen war ich schon gross genug, dass ich nach einem Jahr hätte die Schule beginnen können. Aber nein, ich durfte diesen unterfordernden Stuss drei, ja volle drei Jahre mitmachen!

Aber irgendwann stieg ich dann doch auf – in die erste Klasse im Schulzimmer nebenan. Wir waren drei Klassen in einem Raum, mit einem Lehrer, der Strubi hiess. Das war sein Übername, weil er einen Bürstenschnitt trug. Viel mehr als sein Haar bewegte er seinen

Bambusstock. Disziplin war angesagt. Abgesehen davon hatte ich Achtung vor ihm, weil es bei ihm etwas zu lernen gab. Aber bald tauchte ein neues Problem auf: Ich fand die Dinge, die die Schüler der dritten Klasse lernten, viel spannender als das, was uns Erstklässlern geboten wurde. Und so kam es zur ersten, aber nicht letzten Begegnung mit dem überaus treffsicheren Bambusstock.

Die grösste Mühe bereitete mir die Handschrift – ich konnte einfach nicht schön schreiben. Es gelang mir nicht, den Füllfederhalter so auf dem Papier respektive der Linie entlangzuführen, wie es Strubi haben wollte. Die ersten schlechten Noten schrieb er ganz schön in mein Zeugnis. Nachdem ich mich bis zur vierten Klasse durchgemogelt hatte, fing das grosse Problem wieder von vorne an. Ich wurde stundenlang gequält, meine Handschrift zu verschönern. Selbst die teuersten Pelikan-Füllfederhalter liessen mich keine schönen Schriftzüge auf das Papier zaubern. Die Tintenkleckse irgendwo auf dem Papier sahen schöner aus als meine Schreibversuche, auch wenn sie nicht dorthin gehörten. Im Rechnen, in Geometrie, im Technischen Zeichnen war ich jeweils der Klassenbeste, nur … hätten nicht diese doofen Tintenpatronen und Tuschezeichner so komische grosse schwarze Flecken aufs Papier gezaubert. Sie führten zu schmerzlichen Notenabzügen. Ich konnte einfach meine Hände nicht kontrollieren, sie hatten ihr eigenes Leben. Wie mein sehr loses Mundwerk, das mich immer wieder durch seine rebellischen und provokanten Bemerkungen auffallen liess.

Zuhause war ich eigentlich von Beginn an das schwarze Schaf, doch das kümmerte mich wenig. Es kümmerte mich schon, aber anders, ich resignierte, begriff nicht, warum mich niemand verstand. Ich liess mich nicht mit Kinderantworten wie «Du verstehst das noch nicht» abspeisen. Sicher sah ich Dinge, die sonst nur Erwachsenen auffielen – und ob ich verstand! Doch ich schwieg oft, und wenn nicht, wurde ich mundtot gemacht.

Gegen Ende der Unterstufe schlug mich meine Mutter morgens häufig, weil ich immer zu spät dran war und der Nachbarssohn schon schulbereit vor der Türe stand. Ich begriff meine Mutter und liess es geschehen. Sie war schlichtweg überfordert mit mir, alle anderen waren doch so brav, nur ich machte immer Schwierigkeiten. Doch ich musste rebellieren, sonst wäre ich noch mehr untergegangen. Anderseits, wenn meine Mutter zu kraftlos war, um Alltagsdinge wie Putzen zu erledigen, tat ich das heimlich für sie, so dass es niemand merkte, nicht einmal sie selbst. Ich verstand sie schliesslich, also konnte ich sie auch etwas unterstützen.

Ich wollte später dann unbedingt in die Sekundarschule A (die höchste Stufe), denn in den technischen Fächern war ich unter den Besten. Aber weil ich dringend der lebensnotwendigen Wärme, Liebe und Zuneigung bedurfte, war ich sehr oft krank. Dann kam in der sechsten Klasse noch ein Beinbruch dazu. So versäumte ich im entscheidenden Schuljahr zwei Drittel der Schulzeit und bekam deshalb auch keine Zeugnisnoten. Der gute Wille der Schulkommission erlaubte mir den Wechsel in die Realschule (die zweithöchste Stufe). So blieb mir nichts anderes übrig, als mich auch da durch die drei Jahre zu schummeln. In Deutsch und Französisch hatte ich jeweils eine 2–3 im Zeugnis (Höchstnote 6); ich konnte keine Dinge – Wörter – lernen, deren Wissen in meinen Augen keinen Sinn machte. Den Satz «Das muss man so machen» konnte ich nicht mehr hören!

Noch eine Episode, die sich in der Realschulzeit mehrmals abspielte: Wenn der Mathematiklehrer der Sekundarschule mit einer Aufgabe nicht weiter wusste, kam er in der Pause zu mir. «Christian, willst du eine Aufgabe lösen?» Ich opferte gerne meine Pausenzeit und löste die Aufgabe. Ich zeigte ihm anschliessend den Lösungsweg und die Lösung.

Was ich bis heute nicht verstehe: Warum bemerkte das niemand? Weshalb sagte niemand etwas im Sinne von: «Er wird seinen Weg schon machen?» Was hinderte sie daran? Ja, ich machte meinen Weg, bekam als Bester von 70 Bewerbern meine Lehrstelle als Automechaniker.

In der Berufslehre konnte ich anfangs voll und ganz mich sein, in der Gewerbeschule mogelte ich mich wieder durch, darin hatte ich ja Übung. Als mir der Patron im zweiten Lehrjahr die Leistungsprämie mit der Qualifikation überreichte, sagte er nur: «Wenn du etwas besser wärst in der Schule, würdest du mehr Lohn bekommen.»

Ich lachte ihm ins Gesicht und erwiderte: «Wenn Sie meinen Wert nicht erkennen, ist das Ihr Problem, nicht meines. Ich weiss, was ich kann.» Von da an war mit ihm nicht mehr gut Kirschen essen.

Ach ja, er konnte, sollte ja nicht wissen, dass ich abends und an den Wochenenden das Mehrfache meines Lehrlingsgehalts mit Schwarzarbeit verdiente und deshalb keine Zeit hatte, für die Schule zu lernen. Die Abschlussprüfung schaffte ich problemlos. Drei Monate nach der Lehre hätte ich bereits eine Stelle als Werkstattchef in einer anderen Garage angetreten, wäre da nicht ein schwerer Motorradunfall dazwischengekommen. Es folgten zwei Jahre Arbeitsunfähigkeit und die Erkenntnis, dass ich nie mehr in den Beruf würde zurückgehen können – eine schwere, schmerzhafte Niederlage.

Doch es musste wohl so sein. Mit 23 Jahren gründete ich ohne Kapital eine Handelsfirma und wurde innerhalb kurzer Zeit in meiner Branche die Nummer eins in der Schweiz. Ich konnte wie Alfred Brendel nicht sagen, weshalb ich diesen Erfolg hatte.

Dies alles als einer, der als Kindergärtler drei Jahre auf den Eintritt in die erste Klasse hatte warten müssen, weil er ein Träumer gewesen war. Ja, irgendwie träumte ich das Leben lang, aber vergass nie, die Träume zu leben, umzusetzen.

Vor wenigen Tagen kam eine Mutter mit ihrem Sohn in meine Praxis; ich hätte ja sicher das E-Mail gelesen, das sie mir vorab geschickt habe. Ich sagte, dass ich ein Mail bekommen hätte, aber den Inhalt nicht mehr wüsste – ich will im Vorfeld nicht wissen, weshalb die Klienten zu mir kommen. Ich sah es dann, der Junge war voller Ängste wegen seines gewalttätigen Vaters, von dem sich die Mutter eben scheiden liess. Ich sah die Bilder, während ich mit ihm arbeitete.

Als ich ihn sah, wusste ich gleich, dass er ein Indigo-Kind war. Ich sprach die Mutter darauf an, sie wollte jedoch nicht viel davon wissen: «Heute soll doch bald jedes Kind so sein, wenn man den Esoterikern glaubt ...» Wie recht sie hatte!

Nach der Sitzung las ich das E-Mail, das mir die Mutter geschickt hatte. Und ich las, was sein Verhalten anbelangte, nichts Neues. Sie erzählte eine mir nicht unbekannte Geschichte: Ihr Sohn müsste nun das dritte Jahr in den Kindergarten. Sie wohnen in einem kleinen Dorf auf dem Lande, auf dem Hirzel. Nein, das gibt es nicht, sie kommen zu mir, wo ich genau dasselbe, im gleichen Dorf, sogar im gleichen Kindergarten erlebt hatte! Das darf doch nicht wahr sein! Über 40 Jahre nach meinen Erlebnissen im Dorf der markanten Moränenhügel, hoch über dem Zürichsee. Das

Verrückte an dieser Geschichte kommt noch: An meinem letzten Klassentreffen erzählte mir eine ehemalige Schulkollegin von ihrem Mann, der grosse Probleme gehabt hatte auf dem Hirzel. Er war ein wahrlicher Zappelphilipp (heute sagt man: jemand mit ADHS), ich kannte ihn persönlich. Sie müsste also wissen, was es bedeuten kann, mit solchen anderen Wesen zu tun zu haben. Sie erzählte weiter, dass sie sich als Kindergärtnerin auch mit solchen Fällen herumschlagen müsse. Sie kenne die Probleme sehr gut.

Jetzt kannst du dir vielleicht denken, was kommt: Genau diese ehemalige Schulkollegin ist die Kindergärtnerin dieses (Problem-)Kindes. Sie hatte grösste Bedenken. Der Junge werde Probleme haben in der Schule, weil er bestimmte Dinge nicht zeichnen könne wie die anderen Kinder. Und? Sie erkennt nicht, dass er hochbegabt ist!? Jaja, viele geben vor, uns zu verstehen, aber die wenigsten tun es – weil sie es nicht können.

Diese Geschichte motivierte mich noch viel mehr, das Buch so schnell wie möglich auf den Markt, unter die Pädagogen zu bringen.

Das Hindernis Schule

VOLLMONDGESCHREI

Mitten in der Nacht
Ach du lieber Himmel
Hat der Vollmond an mich gedacht
Er zog durch die Wolken
Riss mich aus dem Schlafgemach
Ich machte mich auf die Socken
Nun sitz ich hier 03.06 Uhr hellwach
Meine Seele wach erschrocken
Die Wolken lassen verdecken
Nichtsdestotrotz der Mond liess wecken
Tag bei Nacht, ich erschrocken
Nacht wie Tag, um den Schlaf gebracht
Der Ring um die weisse Kugel
Ein Heiligenschein in Licht verpackt
So sitze ich nun mit der Feder
Unter dem Hintern Sitzleder
Es zwang mich zum Schreiben

Als müsste ich die Welt wachschreien
Hätte der liebe Gott doch nur Feierabend
Könnt ich schlafen wie die Raben
Nein um Himmelsgeschrei
Sitz hier wie auf einem rohen Ei
Rabenschwarz wie die Nacht
Wünschte ich mir doch es kracht
Im Leben manchmal zum Schreien
Ich muss Gedanken aufschreiben
Bevor sie verstummen
Jetzt dürfen Engel ein Nachtlied summen
Du Lümmel von Vollmond
Hast mich um den Schlaf gebracht
Ich hoff, du hast dir ein Gewissen gemacht
Ich schmeiss nun zu die Klappe
Zieh über die Ohren meine Nachtkappe

Albert Einstein

Hier eine kleine Anekdote über Albert Einstein und seine Schulzeit – er war übrigens nur ein mittelmässiger Schüler:

Ab 1888 besuchte Albert Einstein (geb. 1879) das Luitpoldgymnasium in München, das er 1894 vorzeitig und ohne Abschluss verliess, da ihm die Art des Unterrichts in den meisten Fächern zuwider war und er Probleme mit dem Klassenlehrer hatte.

RITALIN-BOX-NEWS

Aus einem Tages-Anzeiger-Interview, Dezember 2012

Marcel Aebi, der den Forschungsbereich Jugendforensik an der Universitätsklinik für Kinder- und Jugendpsychiatrie Zürich leitet, sagte, «dass Behandler im Hinterkopf haben sollten, dass es nicht nur um das Leiden des Patienten geht, sondern auch um mögliche gesellschaftliche Auswirkungen einer Nichtbehandlung.»

Christian: Ja, im selben Artikel sagt der Journalist Felix Straumann auch, dass 60 bis 70% der jugendlichen Gefängnisinsassen ADHS haben.

Also mit anderen Worten, es sollten alle, alle sensitiven Menschen behandelt werden, damit es der Gesellschaft gut geht… Andere Artikel wollen belegen, dass Kriminalität und ADHS keinen Zusammenhang haben … Ja, wem soll man da noch glauben?

Warum sind solche Kinder aggressiv?

Die hochgradige Sensitivität dieser speziellen Kinder (und Erwachsenen) führt dazu, dass sie oft nicht wissen, wie sie mit der Flut von Eindrücken umgehen sollen. Diese Überforderung führt dann nicht selten zu aggressiven Entladungen. Bei sensitiven Kindern kann dies noch ausgeprägter auftreten.

Durch die Sensibilität und die hohe Sensitivität nehmen sie Schwingungen und Gefühle ihres Umfeldes gesteigert wahr. Ist wie im vorhin geschilderten Fall der Vater sehr aggressiv, nimmt das Kind den Zustand, die Gefühle des Vaters auf, weil es sich noch nicht abgrenzen kann. Auch wenn es mit dem Vater wenig Kontakt hat, ist es mit ihm, seinem Erzeuger, sehr eng verbunden. So ein Kind lebt dann in zwei Welten, in der eigenen und in der des Vaters. Die übernommene Aggressivität staut sich immer mehr auf, und so lässt dieses Kind den Dampf halt mal an Geschwistern, an anderen Kindern im Kindergarten oder in der Schule ab, ohne dass es das überhaupt möchte. Solche Kinder gehen mit einer extrem gespaltenen Persönlichkeit durchs Leben, bis sie gelernt haben, sich abzugrenzen. Für die Eltern sind sie dann ein knallhartes Spiegelbild. Damit können beide Seiten erst recht nicht umgehen.

Im beschriebenen Fall braucht es jetzt sehr viel Zeit, damit alle Beteiligten zur Ruhe kommen, denn die Verstrickungen sind sehr komplex: Mutter und Kinder wohnen mit der Grossmutter in einem Haus. Die Grossmutter passt oft auf die Kinder auf. Sie behandelt ihre erwachsene Tochter wie ein Kind, will immer noch erziehen und gibt ihr so das Gefühl, nicht zu genügen; die Schule hat ebenfalls ein argwöhnisches Auge auf die Mutter und ihre Kinder. Diese Situation wiederholt sich prompt am Arbeitsplatz. Kein Wunder, dass die Mutter völlig ausgebrannt und überfordert ist. Und der erwähnte Indigo-Junge nimmt all das auf.

Bei einer anderen Familie mit zwei Kindern herrschte eine ähnliche Situation: Der Vater, eine angesehene Persönlichkeit aus einer Aristokraten-Familie, wollte seine Kinder sehr streng erziehen, wandte dabei auch Gewalt an. Als die Mutter ihn mit den Kindern verliess, geriet die Familie aus dem Gleichgewicht: Der 11-jährige Sohn übernahm das aggressive Verhalten des Vaters; die 9-jährige Tochter, auch sie ein sensitives Kind, vermochte sich wesentlich besser abzugrenzen. Im Laufe der Zeit, in der ich mit den beiden Kindern und der Mutter arbeitete, beruhigte sich die ganze Situation für alle Beteiligten erheblich. Es geschahen Dinge, die vorher unvorstellbar gewesen wären. Als die Mutter mir von all dem erzählte und ich ihre funkelnden, glücklichen Augen sah, berührte es mich zutiefst. Und als sie dann die Praxis verliess, durfte ich Freudentränen aus meinen Augen wischen. Solche Situationen und Geschichten bestärken mich immer wieder aufs Neue, mich mit meinen Gaben für solche hochbegabten Wesen einzusetzen. Sicher sind die Probleme, die oftmals komplizierteren Zusammenhänge solcher hochbegabten Wesen und ihrer Mitmenschen nicht immer so schnell und einfach zu lösen. Aber meine Kumpels aus dem Universum geben mir immer wieder die nötige Kraft und das Vertrauen, weiterzuarbeiten.

Ein anderer hochbegabter Junge, mit dem ich arbeite, nimmt ebenfalls sehr viel Wut und Aggression vom Vater auf. In diesem Fall sind die Familienverhältnisse intakt. Der Junge ist 12 Jahre alt und nässt immer noch sein Bett. Seine Inkontinenz weist auf den Vater, der tief verwurzelte Existenz- und Lebensängste mit sich trägt. Wann hat ein Mensch Existenz- und Lebensängste? Wenn er, knapp beschrieben, sich selbst zu wenig nahe ist, sich selbst zu wenig Wert gibt, sich und sein Leben nicht annimmt. Ich hatte mit Hochbegabten zu tun, die im Alter von 20 Jahren noch inkontinent waren.

RITALIN-BOX-NEWS

August 2011

Im Tessin ist der Anteil der Bezüger von Ritalin etwa fünf Mal tiefer als in der Deutsch- und in der Westschweiz. Dass es dort weniger Fälle von ADHS gebe oder dass dort eine Unterversorgung herrsche, sei kaum plausibel, heisst es in der Studie der Krankenkasse Helsana.

Christian: Oder … haben die Tessiner aus dem Nachbarland Italien die Erkenntnis übernommen, dass es normal sein darf, etwas mehr Temperament zu haben und etwas mehr Lebensfreude zu empfinden!?

Verletzlichkeit durch hohe Sensitivität

Hochbegabte und Indigos sind durch ihre hochgradige Sensitivität also sehr verletzlich. Wie können sie sich besser schützen?

Da wir ja bereits im Kleinkindalter oft nicht wahrgenommen respektive durch unser Anderssein zurückgestossen werden, sind wir schon sehr früh auf der Suche nach Akzeptanz, sprich Liebe und Aufmerksamkeit.

Nun könnte man meinen, dass wir durch unsere ausgeprägte Selbstsicherheit ein Mittel besässen, uns zu schützen, doch bei den eigenen Eltern ist das sehr schwierig. Wir haben uns ja die Eltern ausgesucht, weil wir durch und mit ihnen unser Leben erfahren möchten. Wir möchten ihnen aber auch helfen, ihr Leben besser zu meistern. Werden wir aber abgebremst, in unserem Denken eingeschränkt, können wir uns nicht voll und ganz entfalten. Wir würden den Eltern gerne zeigen, dass sie sich nicht sorgen müssen, weder um uns noch um sich selbst.

Wir bräuchten übrigens auch keine Eltern im herkömmlichen Sinn, wir wollen nur an der Hand genommen und respektiert werden, den Rest erledigen wir selber. Eltern, Pädagogen oder wer auch immer können uns nicht erziehen, sie können uns nur gut führen, Leitplanken setzen, indem sie uns ihr Leben authentisch vorleben. Ist da irgendein Missstand, reagieren wir und fangen an zu hinterfragen oder zu rebellieren. Das geschieht auch, wenn ein Elternteil nicht sich ist, wenn ihm nicht wohl ist in seiner Haut. Dann zeigen wir ihm dies sehr treffend, indem wir ihn spiegeln!

Wir nehmen durch unsere feine Wahrnehmung all diese Schwingungen und Gefühle auf und machen sie an uns sichtbar, wir spiegeln sie. Sind sie nicht authentisch, spiegeln wir es ihnen so lange, bis sie es bemerken und sich ändern. Geschieht das nicht, kann das alles an uns hängen bleiben! Wir leben die Muster dann teilweise nach und entfernen uns noch mehr von unserem eigenen Ich.

«Aber warum sind wir dann so verletzlich?» Diese Frage stellte ich mir immer wieder. Das Wahrnehmen der Situation, der Lebenshaltung der Eltern ist das eine, aber das Sich-davon-verletzen-Lassen, bis wir selbst krank werden, ist das andere. Ja, ich erlebte es nur zu oft in meinem eigenen Leben. Durch das immer wiederkehrende Fragen nach dem Warum stiess ich schliesslich auf die ursächlichen Zusammenhänge:

Wenn die Situation, dass wir den anderen Menschen spiegeln, lange anhält, lassen wir es zu, dass dieser Charakter sich in uns einnistet – wir nehmen dessen Opferhaltung an und machen sie zu unserem eigenen Thema. Dabei, und jetzt kommt das Ausschlaggebende, das bei jedem Menschen passiert, werden wir verletzlich, weil wir unseren Körper verlassen. Wenn wir unseren Körper aber verlassen, nicht mehr uns selbst sind, verlieren wir unseren natürlichen Schutz!

Bei einem Vortrag fragte mich letzthin ein Zuhörer, wie ich mich schütze. «Ich brauche mich nicht zu schützen, wenn ich in meiner Arbeit voll und ganz bei mir bin. Bin ich in meiner Mitte, bin ich automatisch geschützt und weder angreifbar noch verletzlich.»

Ja, diese Aussage stimmt voll und ganz, nur wenn mir ein Mensch oder ein Lebenspartner jeweils nahesteht, bin ich verletzlich, was teilweise sehr schmerzlich sein kann.

Warum? Ich erkläre es mit einem eigenen Beispiel: Durch die Sensibilität, die Sensitivität, die Hellfühligkeit, diese ganze komplexe Nonstop-Wahrnehmung, habe ich die Angst meines Gegenübers wahrgenommen, die Angst, zurückgestossen zu werden. Dieses Gefühl, diese Angst kannte ich aus der Beziehung zu meiner Mutter – Angst, zurückgestossen zu werden. Weil dieses Gefühl immer noch tief in meiner Seele schlummerte, ging es in Resonanz mit dem Gefühl meines gegenwärtigen Gegenübers.

Damals ging ich aus meinem Körper hinaus, zur Seele meiner Mutter, und flehte sie an: «Bitte liebe mich doch in meinem Sosein.» Und genau dabei, als ich nicht mehr in meinem eigenen Körper zu Hause war, wurde ich verletzlich, nahm die Gefühle der Zurückweisung und des Nicht-geliebt-Seins noch viel mehr an. Das schmerzliche Resultat: Asthma.

Ich wiederhole das nochmals vereinfacht: Wenn ich auf der Suche nach Liebe und Akzeptanz aus meinem Körper gehe, bin ich verletzlich und schränke damit mein Leben, meine Kraft ein, werde krank oder nehme eine Krankheit, eine Einschränkung meines Gegenübers an und mache sie zu einem Teil von mir.

Wie können wir dieses Problem lösen? Ich beginne wieder bei mir: Indem ich ganz bewusst zu meinem Selbst zurückkehre. Indem ich die Haltung, die ich einem anderen Menschen gegenüber angenommen habe, bewusst abgebe.

Wenn ich in den Zustand der Verletzlichkeit gerate, versuche ich herauszufinden, was mich verletzt. Ich stellte fest, dass mein Gegenüber jeweils Angst hatte, ich würde es nicht lieben, würde es zurückstossen, wenn es sich nicht richtig verhalte. Wie gesagt, in meiner Praxis hatte ich nie Probleme, mich zu schützen, dort gab ich intuitiv die stimmige Antwort, aber im Privaten war das anders. Ich bemerkte nicht, dass diese Antworten für mich als Privatmenschen genauso ihre Gültigkeit hatten. «Bleib bei dir, in deinem Körper, in deiner Seele und in deinem Geist, in Licht und Liebe, dann bist du geschützt.»

So einfach – und ich selbst brauchte vier Jahrzehnte, um es zu begreifen! Aber trotz oder dank all meiner Gaben bin ich ein Mensch, ein lernfähiger.

Gewiss gaben mir meine Kumpels aus dem Universum diesen Rat in allen Variationen immer und immer wieder, aber scheinbar versiegelte ich meine Ohren mit geistigem Wachs oder machte auf Villa Durchzug, wenn es um mich ging.

Wie aber lösen die Kinder und Erwachsenen, die diese Selbsterkenntnis noch nicht gewinnen konnten, das Problem?

Sag zu dir selbst: «Wenn ich dank meiner Gaben weiss, dass jemand ein Problem hat, lasse ich es sein Problem sein, gebe es ihm in Gedanken zurück, indem ich es leise für mich ausspreche oder es auf ein Blatt Papier schreibe: 'Du bist für dich selbst verantwortlich, es ist dein Problem. Nimm es zu dir zurück und löse es selbst. Nimm dich des Problems an, und es wird dein Geschenk.' Dann verbrenne ich das Papier anschliessend.»

Wiederhole das immer und immer wieder. Auch ich übte lange, bis ich es wirklich verinnerlicht hatte, bis es zu einem neuen Teil von mir geworden war. Früher hatte ich meine Partnerinnen wegen solcher Probleme verlassen. Heute sehe ich darin für sie und für mich eine Herausforderung, es zur besten Eigenschaft zu wenden.

Auf diese Weise löse ich die Probleme mit den Klienten, die wegen solcher Themen in meine Praxis kommen. Eine Frau kam mit ihrem fünfjährigen Sohn, einem Hochbegabten. Er litt unter starken Bauchschmerzen und Blähungen. Ich stellte sofort fest, dass es nicht seine Blähungen, sondern die seiner Mutter waren. Ich sagte zu ihr: «Ihr Junge ist sehr sensitiv und hochbegabt. Durch seine feinfühlige Wahrnehmung nimmt er diese Dinge von Ihnen auf. Er nimmt sie auf sich, weil Sie Ihr Leben selbst nicht annehmen, und er versucht es für Sie zu tragen, Sie zu heilen, zu befreien. Sie sind auch so ein besonderes Wesen, nur haben Sie es nie gelebt. Sie wurden dadurch, dass Ihre Mutter immer auf krank machte, um Aufmerksamkeit zu bekommen, von sich selbst abgelenkt. Sie haben zuerst die Mutter angenommen statt sich selbst. Sie gehen nachher nach Hause und machen sich Gedanken, wo Sie nicht angenommen werden und wo Sie sich selbst nicht annehmen in Ihrem Sosein! Übernehmen Sie für sich die volle Verantwortung und lenken Sie nicht mehr ab von Ihrem Selbst! Dann wird auch Ihr Kind wieder gesund.»

Der jungen Frau flossen die Tränen aus den Augen. Ihr wurde bewusst, dass sie die Opferrolle ihrer Mutter übernommen hatte, dass sie nicht sich selbst war, weil es ihr so vorgelebt wurde und sie aus Liebe nicht rebellierte. Ihre Mutter lebte nicht ihr Leben, aber machte alle anderen dafür verantwortlich.

Die junge Frau war bis dahin nicht in der Lage gewesen, dies der Mutter als Spiegel vorzuhalten; also brachte sie ein hochbegabtes Kind zur Welt, das ihr schliesslich die Augen öffnete.

Übrigens kam sie durch ihre Mutter zu mir. Da diese (noch) nicht bereit war, ihre Opferrolle aufzugeben, schob sie die Tochter vor.

Nach einiger Zeit schrieb mir die junge Frau: «Mir ist so manches Licht aufgegangen! Seit ich das letzte Mal bei Ihnen war, hat sich mein Leben grundlegend verändert. Ich bin auf dem Weg, mich selbst zu sein, mit allem Drum und Dran! P.S. Luca geht es sehr gut! Ich kann vieles besser verstehen, was uns beide jetzt viel weiterbringt.»

RITALIN-BOX-NEWS

Juli 2013, Der Nationalrat hat eine Motion angenommen – eingereichter Text:

Der Bundesrat wird beauftragt, verbindliche Zahlen zu erheben, wie viele Kinder und Jugendliche mit Ritalin, Concerta und ähnlichen Psychopharmaka behandelt werden, um ein gewünschtes Verhalten zu erzielen. Weiter ist die Öffentlichkeit über die schädlichen Nebenwirkungen dieser Präparate in objektiver Weise zu informieren und auch auf andere Möglichkeiten hinzuweisen.

Unter anderem begründet der Antragsteller, Erich von Siebenthal: Bei der Einnahme von Ritalin und Concerta können ernste Nebenwirkungen auftreten. Man kann, wie der Hersteller einräumt, davon abhängig werden. Im Juni 2005 veröffentlichte die US Food and Drug Administration eine Reihe von Warnungen, wonach Ritalin und ihm verwandte Substanzen visuelle Halluzinationen, Selbstmordgedanken, psychotisches Verhalten sowie Aggressionen oder gewalttätiges Verhalten auslösen können. Seit 2011 warnt auch Swissmedic auf ihrer Website: «Auch zu psychiatrischen Störungen kann es kommen, wie Angst und Schlaflosigkeit, oder zu Gedanken von Lebensüberdruss und Todeswünschen (Suizidgedanken). Suizidales Verhalten kann verstärkt oder auch ausgelöst werden.» Eltern müssen über dieses Gefahrenpotenzial informiert werden.

Antrag des Bundesrates vom 28.08.2013:

Der Bundesrat beantragt die Ablehnung der Motion.

Er begründet seine Ablehnung unter anderem damit, dass eine Studie aus dem Jahr 2012 (Krankenkassendaten von 2005 bis 2008) keine Bedenken hervorhebe. Unter anderem begründet er weiter: Der Anteil der Zwölfjährigen ist am höchsten, mit steigendem Alter nehmen die Verschreibungen ab. Knaben werden bedeutend häufiger als Mädchen mit methylphenidathaltigen Arzneimitteln behandelt. Bei drei Vierteln aller Bezügerinnen und Bezüger liegt die geschätzte Einnahmedauer unter einem Jahr. Konkrete Hinweise, dass methylphenidathaltige Arzneimittel nicht gemäss den Fachinformationen der Swissmedic verschrieben werden, liegen nicht vor.

Die dunkle Wolke

Eine Klientin, sie ist eine hochbegabte Ärztin, erzählte mir von sich: «Ich kann vollkommen fröhlich und unbefangen sein, doch bei der Anwesenheit bestimmter Menschen kommt etwas wie eine dunkle Wolke über mich. Ich werde dann sehr traurig, ja sogar perplex, und kann überhaupt nicht so reagieren, handeln oder gar arbeiten, wie ich das sonst kann. Es geschieht nicht oft, aber ich kann es nicht verstehen!»

Ich erklärte ihr darauf: «Wenn das geschieht, nehmen Sie durch Ihre Sensitivität die Schwingungen und Gefühle der anderen, unsicheren Person in sich auf. Sie verhalten sich dann genau so wie diese Person. Hüllen Sie sich in weisses Licht, das Sie wie eine Kugel umgibt, und sagen Sie sich: Ich bleibe bei mir, in meiner Mitte, umgeben und erfüllt von Licht und Liebe.»

Diese dunkle Wolke kennen fast alle sensitiven Kinder, doch den wenigsten ist sie bewusst! Wir erleben es teilweise in der Schule, am Arbeitsplatz, aber auch mit den Eltern.

Auch ich schritt sehr lange durch mein Leben, ohne es zu verstehen. Die Frau hätte es nicht wunderbarer beschreiben können. Wenn ich zurückdenke, hatte ich diese dunkle Wolke so oft unbewusst wahrgenommen. Heute ist es zum Glück kein Thema mehr.

Warum sind solche Kinder teilweise sehr anhänglich?

Viele der hochbegabten Kinder sind sehr anhänglich. Sie suchen die Nähe zur Mutter oder einer anderen Bezugsperson. Es kommt auch oft vor, dass solche Kinder nach einem Besuch bei der Oma oder beim Opa nicht mehr zu den Eltern zurück wollen. Warum?

Diese Kinder brauchen trotz all ihrer Gaben sehr viel Zuneigung und Liebe. Auch wenn sie ihre Eltern nicht als Erzieher bräuchten, brauchen sie Nähe und Streicheleinheiten umso mehr. Sie brauchen diese Sicherheit, damit sie ihren Weg in Liebe gehen können. Kann also eine Oma diesem Kind mehr Nähe und Nestwärme geben, weil sie viel unabhängiger und frei von Verpflichtungen ist, spürt dies das Kind klar. Es spürt die viel weicheren und gelasseneren Schwingungen durch die längere Lebenserfahrung. So erlebte es eine Bekannte mit ihrem hochbegabten Enkel: Sie selbst ist auch hochbegabt und versucht nun, es heute zu leben. Ihr Sohn jedoch kann das noch nicht so gut, auch seine Frau nicht. So zeigt halt das dreijährige hochbegabte Geschöpf seinen Eltern knallhart, dass sie sich endlich annehmen sollten, damit sie ihn verstehen, so wie die Grossmutter ihn versteht.

Wenn Eltern sich an hochbegabte Kinder klammern

Ja, das gibt es auch. Sind die Eltern nicht sich selbst, versuchen sie durch ihr Kind zu leben. Sie geben sich aufopfernd selbst auf – und wundern sich, wenn ihr Kind ihnen das widerspiegelt; es klammert sich dann an die Eltern und bringt sie so zur Verzweiflung. Auch übernimmt und lebt es, wie schon erwähnt, die Krankheiten seiner Eltern.

RITALIN-BOX-NEWS

August 2013

Die Swissmedic stellte fest, dass sich in der Schweiz die ausgelieferte Menge des Ritalin-Wirkstoffes Methylphenidat von 1999 bis 2011 fast verzehnfacht hat:

1999: 38 Kilogramm – 2011: 343 Kilogramm.

Die Schweizerische Ärztezeitung kam in einer Studie zum Schluss, dass eine vernünftige Verschreibungspraxis vermutet werde. Immerhin erwähnte man noch, dass teilweise auch Chirurgen Ritalin verschreiben würden, wobei «der Verdacht auf Gefälligkeitsrezepturen nicht ohne weiteres von der Hand zu weisen» sei.

Hochbegabte, meistens mit einem IQ von 130 und mehr

Ja, liebe Leserin, lieber Leser, dies hättest du sicher schon viel früher erwartet, nicht? Leider ist es so, dass viele, wenn sie von Hochbegabten sprechen, dies immer in Zusammenhang mit einer sehr hohen Intelligenz, einem hohen IQ bringen. Es ist jedoch so, dass dies nicht immer messbar ist und auch nicht sein muss. Ich persönlich habe nie einen IQ-Test gemacht, meine Kumpels aus dem Universum haben mir jedoch meinen IQ mal mitgeteilt. Durch die verschiedenen Wahrnehmungen der Menschen, speziell der Pädagogen, wird ein Hochbegabter sehr oft nicht als solcher wahrgenommen.

So erging es auch mir und meinem Sohn: Viele sehen nur das Fehlverhalten der Kinder. Ich nehme meinen jüngsten Sohn als Beispiel: Die Pädagogen sehen, dass er nicht ruhig sitzen kann, dass er immer mit Spass und Faxen auffallen will. Es ist ihm schlichtweg langweilig in der Schule! Er ist mit seinen Gedanken dadurch ganz woanders, nur bestimmt nicht in der Schule. Er ist bei seinem Sport, irgendwo in der Natur, wo er mit Tieren und Pflanzen spricht, er spürt, dass die junge Lehrerin mit der Klasse noch überfordert ist. Seine Lehrerin ist als Pädagogin nicht authentisch, das lässt er sie voll und ganz spüren! Als ich ihn letztes Mal fragte, wie es in der Schule gehe, lachte er: «Die Lehrerin ist für einige Monate weg, auf einer langen Reise. Sie sagte: 'Ich muss das jetzt tun, vielleicht habe ich mal Kinder, dann kann ich nicht mehr reisen.' So bin ich sie für eine Weile los. Der Aushilfslehrer ist viel besser. Du musst dir mal vorstellen, sie erzählte in meiner Klasse, dass ich aus einer schwierigen Familie komme, man müsse mich meiden, ich sei kein guter Umgang.» Als ich dies das erste Mal hörte, musste ich weinen. Meine Ex-Frau ist eine wunderbare Mutter für unsere drei Kinder, die alle sehr aktiv bis hyperaktiv sind. Sie hat wieder geheiratet, hat wie ihr Mann einen guten Job; sie leitet die Juniorenabteilung der Eishockeymannschaft und er arbeitet im Eisstadion bei der Stadt Rapperswil-Jona. Sie wohnen wenige Minuten sowohl von der Schule als auch von ihrem Hobby, dem Eishockeysport, entfernt.

Alle unsere Kinder haben gute und wertvolle Freunde, betreiben begeistert ihr Eishockey. Unsere Tochter ist mit 14 Jahren bereits in der U18-Nationalmannschaft. Ich, ihr Vater, betreibe eine Gesundheitspraxis und bin für über ein halbes Jahr ausgebucht, schreibe Bücher, die bereits Bestseller sind, halte Vorträge und noch vieles mehr.

Und das sind keine guten Familienverhältnisse? Das schmerzt ganz enorm! Und so etwas geschieht sehr oft im Umgang mit Hochbegabten.

Mein Sohn ist jetzt 12 Jahre alt. Er besitzt eine sehr grosse Bewegungsintelligenz, naturalistische Intelligenz, visuelle Intelligenz. Zudem hat er einen sehr guten Draht zum Universum und nimmt heute schon heilend schlechte Energien auf. Als er als kleiner Knirps noch nicht gehen konnte, krabbelte er auf alles hinauf, auch wenn er anschliessend nicht mehr herunterkam. Er läuft heute noch auf Mauern, wo immer eine ist, und hüpft über jeden Absatz; er kletterte schon Fahnenmasten hoch wie ein Äffchen, kaum konnte er gehen. In der Wohnung hüpft er umher, Handstand da, Kopfstand dort. Als er im Hockey zurückgestuft wurde, hängte er den Stock kurzerhand (vorübergehend) an den Nagel: «Mit diesem Trainer will ich nicht mehr spielen.» Der erwähnte Trainer ist sehr autoritär, und das geht für ein solches Kind nicht. Ein Hochbegabter spürt es, wenn eine Autoritätsperson nicht authentisch ist, und meidet sie. Wobei gerade die Leitplanken, die durch einen Mannschaftssport gesetzt werden, sehr hilfreich sind für diese Spezies. Aber eben, die Trainer müssen Respektspersonen sein.

Ich vergesse nicht mehr, wie er vor Jahren mit mir über den Krieg diskutierte: wie sinnlos das sei.

Ach ja, da kommt mir in den Sinn, wie Politiker reden: «Gott möge mit mir sein.» Aber sie führen Krieg! Dann bin ich lieber leise, arbeite mit Gott, im Stillen.

Zurück zu meinem Sohn: Denke ja nicht, ich würde ihm unter die Nase binden, dass er hochbegabt ist.

Nein, das darf er selbst erfahren im Leben. Ich hoffe, er liest dieses Buch nicht zu schnell. Ich schreite nur ein, wenn es Probleme gibt. Ich stehe hin, schreibe dieses Buch und halte Vorträge über diese Spezies. Ich würde ihm auch nie empfehlen, einen IQ-Test zu machen, ausser er will es von sich aus. Ich lasse ihn als Kind, so wie er ist, in seinem Sosein.

«Fantasie ist wichtiger als Wissen.» Albert Einstein

Meist anders, als man denkt

Inzwischen sind ein paar Monate vergangen. Auf dem Kalender steht der 7.7.2007. Viele Heiratswillige werden diesen Tag wohl kaum vergessen, ich auch nicht.

Was ist geschehen? Vor drei Tagen war die Diplomfeier der Lehrabschlussprüfung meines ältesten Sohnes. An diesem Abend traf ich unter anderem auf meine Ex-Frau, die Mutter meiner Kinder. Sie war völlig aufgelöst, denn die Schulleitung habe den Klassen- und Schulhauswechsel unseres jüngsten Sohnes nicht bewilligt.

Warum? Wie vorgehend bereits erwähnt, hat mein jüngster Sohn keinen besonders guten Draht zu seiner Lehrerin. Sie war für ihn nie eine Respektsperson, auch, weil sie mit ihm einfach nicht umgehen konnte. Er war ihr zu quirlig, zu lebendig und gedanklich sehr oft abwesend – was ich ja schon erwähnte.

Dazu kamen aber noch andere Ereignisse. Durch die immer wiederkehrenden Probleme mit der Lehrerin suchte meine Ex-Frau Hilfe bei einer Kinderpsychologin. Sie selbst konsultierte auch einen Psychologen, um mit der Situation besser klarzukommen. Meinem Sohn wurden schliesslich Medikamente verabreicht, um ihn ruhigzustellen respektive für das Lehrpersonal tragbarer zu machen. Diese nützten bei ihm jedoch nichts. Nichtsdestotrotz kamen immer neue Vorwürfe gegen ihn auf. Er wurde wiederholt vor der ganzen Klasse schlecht gemacht: Er sei ein Fall für eine Behindertenschule! Die gleiche Lehrerin sagte auch – wiederum vor der ganzen Klasse: «Jean-Marc ist ein dummer Junge, er gehört eigentlich nicht hierher.» Sie bemerkte dabei jedoch nicht, dass mein Sohn immer noch im Zimmer anwesend war. Es wurde ihm mehrmals vor der Klasse erklärt, dass er so nie in die Sekundarschule kommen werde; von der gleichen Lehrerin, die den Mitschülern verbot, mit ihm Kontakt zu haben. Ein entsetzter Mitschüler erzählte es seiner Mutter, worauf diese sich bei meiner Ex-Frau meldete und gleichzeitig eine Meldung bei der Schulleitung machte. Da mein Sohn oft die Hausaufgaben vergass, wurde er vor der ganzen Klasse blossgestellt und musste als Strafe den Mitschülern ein Znüni mitbringen.

Dies nur ein paar der immer wiederkehrenden Ereignisse. Da die Lehrerin mit ihm nicht umgehen konnte, liess sie es die ganze Klasse wissen und stellte ihn immer und immer wieder vor seinen Klassenkameraden bloss.

Als ein Aushilfslehrer die Abwesenheit der betreffenden Lehrerin überbrückte, ging mein Sohn auf einmal wieder gerne zur Schule und erbrachte auch deutlich bessere Leistungen. Daraufhin beantragte meine Ex-Frau den Wechsel in ein anderes Schulhaus, der jedoch nicht bewilligt wurde. Begründung: Die betreffende Lehrerin sagte aus, dass sie keine Probleme habe mit Jean-Marc und dass sie es mit ihm schaffen werde. Ein weiterer Schlag ins Gesicht!

Da wird zwei Jahre lang gelästert, blossgestellt und gemobbt, was das Zeug hält, der Junge wird zum Psychologen gedrängt mit der Absicht, dass er Ritalin verabreicht bekommt, er wird von der Lehrerin vor der ganzen Klasse zutiefst beleidigt, muss sich anhören, dass es mit ihm unmöglich sei, einen normalen Unterricht zu führen, dass er behindert sei und nicht in diese Schule gehöre – und dann dies?! Wie soll das noch jemand ernst nehmen? Doch es geht gar nicht um all das, sondern es geht darum, was mit dem Kind passiert, welchen Schaden das Kind davonträgt!

Als ich an diesem Abend, an dem ich all das erfuhr, nach Hause ging, war ich völlig konsterniert, wütend und aufgewühlt. Ich erwachte dann mitten in der Nacht, hatte fürchterliche Bauchkrämpfe, bekam anschliessend Durchfall und hohes Fieber. Ich war für drei Tage ausser Gefecht gesetzt und musste sämtliche Termine absagen. In diesen Tagen fiel mir meine eigene Schulzeit ein. Es kam alles hoch, was ich fast ebenso erlebt hatte! Ich kam mir vor wie der letzte Idiot, ich wurde immer und immer wieder verdammt wütend. Ich hatte die gleichen Geschichten doch auch schon erlebt, in der Zwischenzeit vergessen, damals verdrängt.

War ich denn dumm? Ich werde jetzt etwas preisgeben, was ich für immer für mich behalten wollte. Ich wollte nie meinen IQ bekannt geben, doch jetzt mache ich eine Ausnahme, um aufzuzeigen, dass mein Sohn ganz bestimmt auch nicht dumm und behindert sein kann. Ich habe einen IQ von über 185. Trotz der Meinung, die meine Umgebung über mich hatte, habe ich meinen Weg gemacht.

Auch wenn ich der bekannten Umstände wegen nicht in die Sekundarschule kam und mir sehr vieles verwehrt wurde, ging ich meinen Weg. Aus diesem Grunde habe ich mich bei meinen Kindern nie eingemischt, weil ich der Meinung bin, dass jeder seinen Weg gehen darf. Aber der Situation mit meinem Sohn konnte ich nicht mehr zusehen. Ich werde für ihn kämpfen wie ein Stier. Durch diese seine Erfahrung habe ich gespürt, dass mir meine eigene scheinbar viel mehr zugesetzt hatte, als ich je geglaubt und zugegeben hätte!

Ich habe in der Woche zwei bis drei solcher Kinder und Jugendliche in meiner Praxis – mit Problemen, die meistens gelöst werden können.

Ich halte sehr erfolgreich Vorträge über diese Thematik. Gerade bei meinem letzten Vortrag sassen circa 20 Erwachsene im Raum, die selbst Hochbegabte oder Indigos waren. Als ich sie jeweils ansah, sah ich fast bei allen Tränen in den Augen, einfach nur, weil sie wussten: «Da steht jemand, der weiss, wovon er spricht.» Viele Betroffene wie auch Eltern schrieben mir im Nachhinein und bedankten sich für die unverblümte und direkte Art, in der ich scheinbar erklären konnte, wie sie, wie wir sind. Ja, ich werde um die ganze Welt reisen, um aufzuklären, damit man uns etwas besser versteht! Auch dieses Buch wird einen sehr wertvollen Beitrag leisten.

Dieses Ereignis zeigte mir auch, dass mir meine Schulzeit noch tiefer in den Knochen respektive im Bauch sass, als ich es je zugegeben hatte. Drei Tage lang litt ich an Bauchkrämpfen und Durchfall. Das ist Beweis und Motivation genug, um heute, am 10. 7. 2007, aufzustehen und weiterzukämpfen.

Die Aussage meines Sohnes zu dieser Angelegenheit war: **«Ich möchte einfach nur Frieden haben mit der Lehrerin, aber ich kann nicht mehr zu ihr in die Schule.»**

Demnächst hat er Geburtstag, ich werde ihm einen Boxsack kaufen.

Kurz darauf sehe ich einen Fernsehbericht über eine Schweizer Gemeinde, die ihren Jugendlichen Boxunterricht anbietet. Seither soll es dort in der Schule viel weniger Gewalt geben.

Ich habe mich soeben entschlossen, Gönner zu suchen, die es ermöglichen, dass solche Kinder, Jugendliche einen Raum bekommen, wo Boxhandschuhe an der Garderobe hängen sowie Sandsäcke an der Decke. Ich werde dafür sorgen, dass Fachleute wie Boxtrainer und ähnliche erwachsene Betreuer ihnen helfen, ihre Aggressionen aus dem Körper zu schlagen, zu schütteln, ohne dass andere in Mitleidenschaft gezogen werden. Auch wenn nur einer von hundert dadurch seine Aggressionen nicht auf der Strasse oder in der Familie austrägt, haben wir gewonnen!

In diesen Tagen machen sich Politiker stark dafür, dass die Eltern von aggressiven Kindern zur Rechenschaft gezogen werden sollten – und damit wollen sie nicht wirklich etwas ändern, sondern lediglich Wahlkampf betreiben. Ach, es ist doch zum Kotzen.

Sind es doch genau die Politiker, die – aus Spargründen – all die Budgets für jene Projekte gestrichen haben wollen, durch die spezielle und hochbegabte Kinder gefördert würden, weil sie in der normalen Schule unterfordert sind respektive die Lehrer sie nicht fassen, geschweige denn führen können. Aber es werden massenweise Kurse und Nachhilfen für fremdsprachige Ausländerkinder angeboten, weil dies bessere Wahlkampfergebnisse bringt.

Ich möchte an dieser Stelle nochmals aufzählen, was für Vorkommnisse sich mit meinem Sohn ereignet hatten. Warum? Weil Jean-Marc absolut kein Einzelfall ist; ich habe viele solcher Geschichten gehört, nicht nur aus der Schweiz, sondern auch aus dem Ausland. Wir Eltern müssen den Mut haben, unseren Mund aufzumachen für unsere Kinder. Ich habe auch den Mut, diese Geschichten in diesem Buch niederzuschreiben, um möglichst vielen Eltern in einer vergleichbaren Situation Mut zu machen, sich für eine gerechtere Behandlung ihrer Kinder einzusetzen.

- Frau H. äusserte vor der ganzen Schulklasse, Jean-Marc lebe in schlechten Familienverhältnissen.
- Äusserung von Frau J. vor Mitschülern, in Abwesenheit von Jean-Marc: Jean-Marc ist ein Fall für die Behinderten-Schule.
- Äusserung von Frau J. vor der Schulklasse, er sei ein so dummer Junge, er gehöre eigentlich gar nicht hierher! Jean-Marc befand sich bei dieser Bemerkung noch im Raum, was Frau J. in diesem Moment nicht realisierte.
- Mehrmalige Äusserung von Frau H. vor der Klasse, er werde sowieso nie ein Sekundarschüler.
- Strafe nur für Jean-Marc nach einem gewöhnlichen Konflikt mit einem Schüler auf dem Heimweg, den die beiden eigentlich selber hätten lösen können. Wenn sich eine Lehrperson in einen Schülerkonflikt einmischt, sollte sie wenigstens zuvor beide Kinder anhören und dann gegebenenfalls beide Kinder fair bestrafen. Jean-Marc hatte seinen Teil ja auch abbekommen, er hatte blaue Flecken am Schienbein.
- Frau H. verbot Jean-Marcs Schulfreunden den Umgang mit ihm, was uns als Eltern von anderen Eltern entsetzt mitgeteilt wurde, nachdem wir es bereits von unserem Kind erfahren hatten.
- Die Elternvorführung des Bewegungsprogramms BEWEX im vergangenen Herbst war sehr schlimm, weil ich einmal mehr erkennen musste, dass Frau H. Jean-Marc nichts zutraut. Jean-Marc, ein sehr be-

weglicher Bub, durfte beim aktiven Teil nicht mitmachen. Auch bei den Vorführungen im Schulzimmer (Präsentation Skilager) hatte er nur einen ganz kleinen Anteil. (BEWEX = Kraft, Gleichgewicht und Koordination in Kombination mit Lernen)

- Durch ihr Verhalten macht Frau H. das Hausaufgabenproblem von Jean-Marc zum Problem der ganzen Klasse: Sie forderte seine Mitschüler während einer ganzen Stunde immer wieder auf, das Verhalten von Jean-Marc nicht zu akzeptieren. Am Schluss der Stunde liess die Lehrerin die Klasse abstimmen, ob sich Jean-Marc regelwidrig verhalten habe. Selbst die engsten Freunde von Jean-Marc stimmten schliesslich gegen Jean-Marc, nur damit Frau H. endlich Ruhe gab! Frau H. forderte schliesslich Jean-Marc auf, seine Klasse dafür zu entschädigen (mit einem Znüni oder so) und sich vor der Klasse zu entschuldigen.
- Jean-Marc ist inzwischen völlig durch den Wind, er ist zerstreut, unsicher und verletzt. Das überspielt er leider immer wieder mit unrühmlichen Eskapaden.
- Er ist auch überzeugt, dass ihn alle Lehrer hassen, weil Frau H. ihn überall schlecht gemacht hat.
- Die oben genannten Vorkommnisse darf sich eine Lehrperson nicht erlauben. Jean-Marc wurde vor der ganzen Klasse blossgestellt, es ist Mobbing unter Zuhilfenahme der ganzen Schulklasse.
- Nach den Sommerferien verweigerte Jean-Marc die

Schule. Nach einem Telefonat mit dem Schulpsychologischen Dienst (SPD) entschlossen wir uns, ihn wenigstens dazu zu bringen, dass er wieder zur Schule geht. Was er auch tat.

_ Wir wollten ihn nicht mit einem Arztzeugnis krank melden, weil er nicht krank ist.
_ Nach diesem Vorfall meldeten wir Jean-Marc beim SPD an.

In der Zwischenzeit fand das Klassenlager statt, auf das sich Jean-Marc sehr gefreut hat. Auch hier kam es zu ein paar erwähnenswerten Vorfällen:

_ Jean-Marc kam aufgelöst nach Hause. Er sagte: Es war so schlimm!
_ An einem Abend weinte er sehr und wollte nur noch nach Hause. Uns anzurufen wurde ihm nicht erlaubt.
_ Er war wie immer an allem schuld, was vorgefallen war, ohne dass er je seine Sicht der Dinge erklären durfte.
_ Ein Kind hatte Frau H.s Schuhe genommen und später verschmutzt wieder zurückgestellt. Natürlich tat Frau H. lauthals kund, sie wisse schon, wer dafür verantwortlich sei, mit einem strengen Blick auf unseren Sohn. Jean-Marc erklärte: «Ich schwöre, ich wusste nicht mal, wie Ihre Schuhe aussehen. Ich war es nicht.»
_ Das Essen wurde jeweils von den Lehrpersonen geschöpft, teilweise waren es sehr grosse Portionen.

Als er an einem Abend die Spaghettisauce nicht aufessen mochte (weil sie einen Brechreiz auslöste), drohte ihm Frau H., er bekäme diese halt zum Frühstück. Weil dann der Koch erklärte, das gehe doch nicht, die sei am Morgen ungeniessbar, stellte man sie Jean-Marc am anderen Morgen tiefgefroren unter der Aufmerksamkeit aller Anwesenden zum Frühstück wieder hin. Zur Strafe, weil er den Teller immer noch nicht ausessen wollte, musste er die ganze Woche den Boden des Essraums putzen, wiederum vor allen Schülern. Bei einem Tanzspiel, bei dem man auf dem Boden sitzen musste, teilte Frau H. den Schülern mit, Jean-Marc hätte aber den Boden gar nicht sauber geputzt. Es gab übrigens auch Kinder im Lager, die nach dem Essen erbrechen mussten, weil sie zu viel assen (man musste den Teller ausessen), aber Angst hatten, es der Lehrerin zu sagen!

— Von einem erwachsenen Begleiter, er ist der Vater einer Mitschülerin, bekam Jean-Marc einen Tritt in den Hintern mit den Schimpfworten «Du Idiot» oder ähnlich. «Lass das Kind in Ruhe!», sagte er, als Jean-Marc am Boden kauernd mit einem der kleineren Kinder spielte. Jean-Marc und auch die anderen Schüler fanden die Kleinen so meganiedlich. Jean-Marc hat mit diesen Kindern friedlich gespielt, es gab keinen negativen Vorfall, trotzdem wurde er getreten. Abgesehen davon, dass es sich dabei um eine unerlaubte Körperstrafe handelt, ist offensichtlich, dass Frau H. es geschafft hat, nicht nur den Lehrkörper, sondern auch die Betreuungspersonen gegen Jean-Marc einzunehmen.

- Einer Mitschülerin von Jean-Marc erklärte die Lehrerin, Frau H.: Bald wird die Akte Jean-Marc geschlossen, danach öffne ich deine Akte!

Diese Vorfälle und noch einige andere Geschichten wurden von Mitschülern bestätigt. Herr B. wurde zufällig Ohrenzeuge, wie eine Mitschülerin anderen Kindern erzählte, das Lager sei eher ein Konzentrationslager gewesen als ein Schullager.

Nach einem Gespräch vom 27. August 2007 mit dem Schulleiter Herrn S. und der Lehrerin Frau H. beschlossen wir, dass am Freitag, 14. September 2007, noch ein weiteres Gespräch mit Frau H., Jean-Marc und mir stattfinden sollte, um die Situation bis zu den Herbstferien zu klären.

- Am 12. September 2007 sagte die Schulleiterin des Schulhauses, Frau S. (nicht Frau H. selbst) per E-Mail das geplante Gespräch vom 14. September 2007 ab mit der Begründung, es gäbe ja sowieso nach der SPD-Abklärung ein ausführliches Gespräch.

Am darauf folgenden Montag, dem 17. September, holte die Schulleiterin Jean-Marc aus der Klasse und führte mit ihm alleine ein Gespräch, ohne uns zu informieren. Sie fragte ihn, wie er sich die restlichen zwei Wochen bis zu den Herbstferien vorstelle. Sie teilte Jean-Marc mit, dass er die restlichen zwei Wochen von der Klasse isoliert in einem anderen Zimmer verbringen solle. Sie bearbeitete Jean-Marc eine ganze Stunde, ohne dass ein Elternteil oder sonst jemand dabei war. Jean-Marc weigerte sich aber vehement, getrennt von seinen Schulkameraden den Unterricht zu bestreiten. Er erzählte der Schulleiterin dann alles, was bisher vorgefallen war, sie ging jedoch darauf nicht ein. Nach diesem Gespräch kam Jean-Marc völlig aufgelöst und verunsichert nach Hause.

Für den Schulpsychologischen Dienst hielt ich all diese Tatsachen schriftlich fest und übergab sie, als Jean-Marc zum Test respektive Gespräch musste. Ich fasste das Ganze nochmals zusammen:

- Frau H. ist als Lehrerin für Jean-Marc schlichtweg nicht mehr tragbar. Sie hat ihn regelmässig zutiefst verletzt, vor der ganzen Klasse gedemütigt, teilweise auch, indem sie die Mitschüler für ihre Absichten instrumentalisierte.
- Die sieben Wochen zwischen Sommer- und Herbstferien waren nicht nur aus schulischer Sicht verlorene Zeit, sie haben Jean-Marc geschadet. Unter den gegebenen Umständen ist Jean-Marc überhaupt nicht mehr fähig, am Unterricht teilzunehmen, geschweige denn, etwas Neues zu lernen.
- In Anbetracht der Tatsache, dass genau dieses Schul-

jahr das entscheidende ist, weil mit dem Übertritt in die Oberstufe die Weichen für die Zukunft gestellt werden, sind die Folgen für Jean-Marc noch gravierender.

_ Frau H. muss wohl immer ein schwarzes Schaf in der Klasse haben, das sie plagen kann – was im Schulhaus durchaus bekannt ist. Wir können Ihnen gerne die Namen von ebenfalls betroffenen, ehemaligen Schülern nennen.

_ Ich habe in der Zwischenzeit eine Lehrperson gefunden, die in der Stadt unterrichtet und nach einem Klassenwechsel mit Jean-Marc das Versäumte nacharbeitet. Wir werden alles tun, damit es Jean-Marc in der Schule wieder gefällt und er sich integrieren kann.

_ Wir schlagen einen Wechsel zu einer männlichen Lehrperson vor. Wir können uns vorstellen, dass Herr W. vom Schulhaus S. die geeignete Person wäre.

_ Ich arbeite als Therapeut wöchentlich mit Kindern aus der ganzen Schweiz, welche ähnliche Erfahrungen gemacht haben wie Jean-Marc. Vorträge, wie auch ein Buch, welches im Herbst auf den Markt kommen wird, beschreiben diese Arbeit. Im Fall von Jean-Marc habe ich lange versucht, das Problem zu lösen, indem ich ihn einfach unterstütze. Es ist nicht der einzelne Vorfall, der das Verhalten von Frau H. zum Mobbing macht, sondern die Gesamtheit der Vorfälle, so dass ich nicht länger zuse-

hen kann. Ich ersuche die Schulbehörde dringend zu handeln, nicht nur im Interesse von Jean-Marc, sondern auch im Interesse des nächsten Sündenbockes von Frau H.
- All diese Informationen können von den Mitschülern respektive deren Eltern bestätigt werden.

Am selben Morgen, an dem mein Sohn beim Schulpsychologischen Dienst war, informierte die Lehrerin Frau H. die Klasse, dass Jean-Marc nach den Herbstferien nicht mehr in diese Schule komme. Sie tat dies ohne irgendwelche Vorinformation an uns Eltern respektive den SPD! Uns wurde zuvor gesagt, der SPD müsse dies zuerst abklären.

Beim Folgegespräch mit dem SPD – die Lehrerin Frau H. liess sich nicht blicken – konfrontierte ich die anwesende Schulleiterin mit dem Vorgehen der Lehrerin. Ihre Antwort: **«Weder wir noch Sie waren im Klassenzimmer anwesend, als Frau H. dies verkündet haben soll, also hat es aus unserer Sicht nicht stattgefunden.»** Mit anderen Worten: Kindern respektive Mitschülern meines Sohnes glaubt man nicht, oder ihre Aussagen haben keine Bedeutung. Als ich die Schulleiterin auf all die Vorfälle aufmerksam machte und das Ganze als absolut respektlos bezeichnete, wollte sie gleich aufstehen und die Sitzung verlassen.

Im abschliessenden Bericht des SPD wurde festgehalten, dass die Lehrperson für unseren Sohn nicht mehr tragbar sei und ein Klassenwechsel dringend empfohlen werde. Es wurde erwähnt, dass Jean-Marc in gewissen Bereichen überdurchschnittlich gut abschnitt, aber in den Bereichen Lern- und Konzentrationsfähigkeit auffällig sei. Auch sei es offensichtlich, dass Jean-Marc grosse Schwierigkeiten habe, sich für die Arbeit zu motivieren, die ihn nicht interessierte. Dies war ja vorher schon alles bekannt. Es wurde aber auch darauf hingewiesen, dass er in gewissen Momenten ein sehr aufmerksamer und zuvorkommender Schüler sei, der oft sehr gut mitgemacht habe.

Es stand jedoch absolut nichts von all den Vorfällen drin, die den Klassenwechsel dringend erforderlich machten! Nichts von den Vorfällen, die diese Abklärung dringend notwendig gemacht hatten. Ich hatte ausdrücklich gewünscht, die Tatsache, dass Jean-Marc ein Indigo ist, nicht zu erwähnen. Dies wiederum stand drin.

Ja, leider verläuft es oft so. Die Schulleiter – selbst ehemalige Lehrer – decken ihre Kollegen. Sie entscheiden meist ohne die Mithilfe einer Fachperson. Probleme werden unter den Tisch gewischt oder auf die lange Bank geschoben. Wird dann schliesslich der Schulpsychologische Dienst in Anspruch genommen, weil die Schule selbst nicht entscheiden will, dauert es nochmals Monate. Und eines wird dabei vergessen: das Kind!

Sind das Einzelfälle? Nein, absolut nicht! Ich wollte der Problemsituation meines Sohnes nicht so viel Platz einräumen, doch es ist dringend nötig, weil unser Schulsystem und die dazugehörenden Stellen den Hochbegabten und Indigos so nicht gerecht werden. Selten haben Eltern den Mut, eine Konfrontation durchzuziehen und durchzustehen.

RITALIN-BOX-NEWS

Dezember 2013

Swissmedic stellte fest, dass der Ritalinverkauf im Jahr 2012 leicht zurück ging. Ja, seit 2011 wird von der Schulmedizin vermehrt Strattera verschrieben, da es jetzt von der Grundversicherung der Krankenkassen bezahlt wird. Es ist erheblich teurer als Ritalin.

Schulleitungsprobleme

Wenn es mit Zappels zu Konflikten kommt, zeigt sich in den meisten Fällen das Problem auf ähnliche Art: Als Erstes wird der Fehler beim Schüler gesucht. Dankbar entgegengenommen wird von den Schulbehörden die Tatsache, dass das Kind in einer Scheidungsfamilie lebt. Da können sie ihre Verantwortung vorerst auf diese Problemsituation abschieben. Die Mutter (in der Regel ist sie es) wird dann so lange bearbeitet und eingeschüchtert, bis sie sich selbst Vorwürfe macht und sich dann nicht mehr getraut, irgendetwas an der Lehrerschaft zu kritisieren. Ja, liebe Leserin, lieber Leser, das ist leider so.

Muss in einem weiteren Verlauf die Schulleitung miteinbezogen werden, sind diese Positionen häufig durch ehemalige Lehrer besetzt, die dann ihre Kollegen decken. Geht der Fall noch weiter, muss vom Schulvorstand entschieden werden – der ist in der Regel aus freiwilligen Bürgern zusammengestellt, die weder pädagogisch, psychologisch noch sozial ausgebildet sind. Wird dann schliesslich die nächsthöhere Behörde – bei uns ist das der kantonale Schulpsychologische Dienst – eingeschaltet, sind erstmals ausgewiesene Schulpsychologen im Spiel. Der dort gefällte Entscheid wird meistens akzeptiert. Bis aber ein solcher Fall alle Instanzen durchlaufen hat – wenn überhaupt –, vergehen Monate, wenn nicht Jahre!

Was mir in der Beurteilung des Schulpsychologischen Dienstes aufgefallen war: Es wurde mit keinem Wort das Mobbing erwähnt, obwohl ich ausdrücklich und schriftlich darauf hingewiesen hatte und diese Vorkommnisse sogar von Zeugen hätten bestätigt werden können.

Es wurde lediglich erwähnt, dass die Situation sehr angespannt sei und darum dringend zu einem Klassenwechsel geraten werde. Über Gründe und Ursachen wurde geschwiegen! Es wurde empfohlen, dass der Schüler, das heisst unser Sohn, psychologisch betreut werden sollte. Es wurde aber nirgends erwähnt, dass die Lehrerin, die offensichtlich ein grosses Problem mit Selbstwert, Selbstsicherheit, Selbstfindung und Autorität hat, eine psychologische Betreuung in Anspruch nehmen sollte. Ist ein Kind, so oder so, immer das Problem? Bei unserem Schulsystem, wie es in der Schweiz herrscht, schon. Wundert es dann, dass solche und andere Kinder irgendwann auf die schiefe Bahn geraten?

Die Lehrerin, die unseren Sohn in der kommenden Zeit begleitet und in ihm die Freude am Lernen wieder geweckt hat, ist selbst hochbegabt, ein Indigo und Legasthenikerin. Sie erzählte, dass es ihr genau gleich ergangen war, nur habe sie das Ganze irgendwie ignoriert. Sie habe erst wieder die Motivation zum Lernen gefunden, als ihr einmal ein Lehrer sagte: Ich glaube an dich! Dies gab ihr so viel Kraft und Willen, dass sie wieder ein Ziel vor Augen hatte. Und sie schaffte es, auf ihrem eigenen (Um-)Weg.

Die Kinder, die zu mir in die Praxis kommen, wissen nicht, was ich mit ihnen mache, aber sie spüren, dass ich sie verstehe und an sie glaube. Über meine Hände, über meine Gedanken vermittle ich ihnen via Wirbelsäulen-Seele einfach nur Ruhe, Liebe und Geborgenheit. Den Rest übergebe ich den Hochbegabten- und Indigo-Engeln, die bis anhin ihre Arbeit absolut motiviert und perfekt ausgeführt haben. Ich danke dem lieben Gott und bitte ihn, dass er noch viele solche Engel für uns bereithalten möge.

«Wenn ich einen Zappel in die Arme nehme und zu ihm sage: Ich bin stolz auf dich, erschrickt er meistens. Ist das nicht erschreckend?»

Die Erfahrung einer Lehrerin

Zum Glück gibt es aber auch Lehrer und Lehrerinnen – und das muss hier ebenso erwähnt werden –, die sich für solche Kinder einsetzen. Nur haben sie es nicht immer leicht, wie das folgende Beispiel einer Bekannten zeigt. Es ist ebenso typisch für unser Schulsystem, dass solche Lehrpersonen oft sehr unerwünscht sind, da sie sich tatkräftig für diese Kinder aufopfern und die Wirkung ihrer Bemühungen eine Bedrohung für das bestehende System bedeutet. Sie schrieb:

Meine langjährige Erfahrung mit Schulkindern und dem Schulsystem

Über viele Jahre war ich als Primarlehrerin in der Mittelstufe tätig. Im Laufe dieser Zeit durfte ich immer wieder feststellen – egal wie verwahrlost mir eine Klasse übergeben wurde –, dass es mir innert relativ kurzer Zeit gelang, eine gute Klassengemeinschaft aufzubauen, in der sich jedes Kind wohlfühlen konnte – denn das war und ist für mich die Voraussetzung, die effizientes Lernen überhaupt erst möglich macht.

Jedes Mal, wenn ich eine Klasse nach zwei bis drei Jahren weitergeben durfte – musste, löste sich ein Team, das zusammengewachsen und auf das ich stolz war, wieder auf.

Im Laufe der Jahre begleitete ich viele Kinder – einige verhielten sich pflegeleicht, andere zeigten eher auffälligere Verhaltensweisen. Was jedoch von Jahr zu Jahr zuzunehmen schien, war das Bedürfnis nach Aufmerksamkeit, das sich während der Schulstunden, aber auch nach Unterrichtsende zeigte, indem immer dieselben Schüler nach der Schule im Klassenzimmer blieben und erst dann den Heimweg antraten, wenn ich die Schulzimmertüre zuschloss und auch nach Hause ging. Es gab auch Schüler, die während des Unterrichts über Schmerzen klagten, jedoch darauf beharrten, in der Schule zu bleiben, auch wenn ich ihnen riet, nach Hause zu gehen, um sich dort besser erholen zu können.

Obwohl ich immer einen Weg zu den Kindern fand, war mein Leben als alleinerziehende Mutter und Lehrerin oft hart. Man empfing mich mit offenen Armen, um verwahrloste Klassen wieder aufzufangen. Hatte ich es dann geschafft, begannen Schulbehörden, Schulleitungspersonen und auch einige Kollegen, mich zu bekämpfen. Das hat mich unter anderem veranlasst, meinen Beruf als Vollblutlehrerin an den Nagel zu hängen.

Aber wie kam es zu diesem Entscheid? Vor zwei Jahren freute ich mich nach einem sehr anstrengenden Jahr auf meine neuen Viertklässler, 23 an der Zahl. Die Freude verringerte sich jedoch sehr bald, nachdem ich zusammen mit einer Kollegin, die auch vier Lektionen mit dieser meiner Klasse arbeitete, erschrocken feststellen musste, dass etwa zwei Drittel der Schüler Auffälligkeiten in verschiedensten Bereichen aufwiesen. Einige der Kinder trugen bereits ver-

schiedene Stempel wie ADHS. Es hatte aber auch Hochbegabte und Indigos darunter, nur durfte ich das niemandem erzählen, ich wäre auf kein Verständnis gestossen. An unserer Schule wurde Integration grossgeschrieben – ein wunderschönes Schlagwort der Politiker, das den Eindruck macht, die Schule sei sehr sozial eingestellt, sei aufgeschlossen, was jedoch so nicht stimmt, und zwar aus folgenden Gründen: Integration ist umsetzbar, wenn eine Klassenlehrperson in den meisten Lektionen von einer Fachkraft mit heilpädagogischer Ausbildung Unterstützung erhält – wir Lehrer und Lehrerinnen werden für spezielle Bedürfnisse schliesslich nicht ausgebildet und wären somit überfordert. Durch die Integration ist die Spannweite von den intelligenten zu den schwächeren Kindern noch grösser geworden. So braucht diese grössere und vermehrte Differenzierung noch mehr Kraft und Zeit – diese Kraft und Zeit fehlen dann, um auf die verschiedenen individuellen Bedürfnisse der Kinder einzugehen. Zusätzliche Lektionen sind jedoch nicht möglich, denn wie wir alle wissen, lassen dies die gängigen Sparmassnahmen nicht zu – Sparmassnahmen, die auf Kosten unserer Kinder und somit auf Kosten der Zukunft von uns allen passieren!

Zurück zu meiner Klasse: Nachdem ich im Sommer 2004 diese Klasse übernommen hatte, realisierte ich im November, dass mich die Anforderungen total überlasteten und ich fast keine Energie mehr besass. Meine Kollegin und ich wandten uns schriftlich an die Schulbehörde und dokumentierten die Situation sehr genau. Wir erhofften uns Hilfe, die jedoch ausblieb. Kein einziges Mal fand aufgrund unseres Hilferufes ein Schulbesuch in meiner Klasse statt, wir wurden uns selbst überlassen. Anscheinend wollte niemand etwas über die schwierige Situation in der Klasse hören, und es war für die zuständige Schulbehörde viel einfacher, meine Fähigkeiten als Lehrperson in Frage zu stellen, obwohl mich meine jahrelange Erfahrung ausweist und ich im Jahr zuvor an der gleichen Schule eine verwahrloste sechste Klasse wieder aufgefangen hatte.

Ich habe selbst erfahren, dass die meisten Schulbehörden, Schulleitungspersonen, Schulpsychologischen Dienste und Lehrpersonen keine Ahnung von Hochbegabten und Indigos haben. Wenn ich sie jeweils darauf hingewiesen hatte, erhielt ich ungläubige Blicke, wie wenn ich in einer Fremdsprache gesprochen hätte, die mein Gegenüber nicht verstand.

Können sie es wirklich nicht verstehen? Gibt es für sie keine Hochbegabten und keine Indigos? Für mich war das eine fatale Situation. Zwar realisierte ich die Problematik in meiner Klasse, doch ich blieb die Einzige. Wie vorher war ich auf mich alleine gestellt und versuchte das Beste aus der Situation zu machen.

An unserer Schule gab es zwar etwas Unterstützung für sehr schwache, milieugeschädigte oder ausländische Kinder, doch von meinen Kindern, die Symptome von ADHS (oder noch ganz andere Phänomene) zeigten, wusste niemand und wollte auch niemand etwas hören. Die meisten Kinder hatten ja ihren Stempel bereits aufgedrückt bekommen, und damit schien das Problem erledigt. Und wenn nicht, blieb ja noch die Verordnung von Ritalin durch den Schulpsychologischen Dienst als Möglichkeit!

Ich bin eine entschiedene Gegnerin von Ritalin, denn ich habe andere Möglichkeiten gefunden, diesen Kindern zu helfen.

Wie ich bereits erwähnt habe, benötigen die Kinder immer mehr Aufmerksamkeit. Sie möchten ernst genommen, verstanden, anerkannt und gemocht werden, und zwar nicht nur in Bezug auf ihre Noten, sondern als junge Menschen mit all ihren Wesensmerkmalen. Meiner Erfahrung nach möchten sie weder eine Lehrperson mit diktatorischem Stil noch eine, die nur ihr Freund sein will. Nein, sie wünschen von einem authentischen Menschen begleitet zu werden, der ihnen neben humorvollem, spielerischem Umgang auch klare Grenzen setzt, der ihre und seine eigenen Bedürfnisse ernst nimmt und der sie mit Herz durch diese anspruchsvollen Jahre führt.

Ich habe dies erkannt und es in unseren Schulalltag eingebaut. Dabei durfte ich mit meiner letzten Klasse wunderbare Momente erleben. Ich liess die Kinder oft meine Zuneigung spüren. Die Leistungsnoten zeigten oft nicht das wahre Potenzial der Kinder, doch die anderen Talente wie ihre grosse Feinfühligkeit, ihre Hilfsbereitschaft und ihr Verständnis für Probleme anderer Kinder, ihre grosse Eigenverantwortung, ihre Wertschätzung anderen gegenüber, ihre grosse Begeisterungsfähigkeit etc. haben mich immer wieder tief beeindruckt. Dies teilte ich den Kindern mehrfach mit und stellte fest, dass sie diese Worte und Gefühle wie Ge-

schenke entgegennahmen und sich sehr darüber freuten. Aufgrund dessen wünschten sie sich auch neben dem normalen Leistungszeugnis ein zweites Zeugnis, in welchem ihre anderen Fähigkeiten ihren berechtigten Platz erhalten würden. Diesen Wunsch erfüllte ich ihnen mit meinen Abschiedsworten am Ende der fünften Klasse.

Das Unverständnis meines Arbeitsumfeldes in Bezug auf meine Anliegen, Erkenntnisse und meine Art, Kinder zu führen, hat für mich zu einem Spagat zwischen dem Leistungsauftrag der heutigen Schule und der wahren Aufgabe als Lehrperson, die junge Menschen begleiten darf, geführt. Diesen Spagat will ich nicht länger ertragen.

Hätte ich Christian Frautschis Manuskript früher in die Hände bekommen, wäre vielleicht einiges anders verlaufen, denn ich erhielt durch seine Zeilen eine grosse Bestätigung meiner Wahrnehmungen und Erkenntnisse. Mir hätte es als Lehrperson viel Sicherheit gegeben, deshalb gehört es in jede Hand, die in irgendeiner Form mit Kindern und Jugendlichen zu tun hat!

Für unsere Kinder ist Christian Frautschi ein grosser Lichtblick am Himmel, denn durch seine Aufklärungsarbeit werden inskünftig viele Menschen profitieren – hoffentlich auch das Schulsystem –, und vor allem werden viele Kinder besser verstanden werden, so dass sie ihren eigenen Weg gehen können, ohne in Schablonen gedrückt zu werden.

Ein herzliches Dankeschön an Christian und seine Kumpels aus dem Universum – in meinem Namen und im Namen unzähliger Kinder. Eliane.

Aus Erfahrenem lernen

Alles, was ich über Kinder und Schulsysteme bis hierhin aufgeschrieben hatte, wühlte mich, wie bereits erwähnt, unheimlich auf. Ich suchte nach einer Lösung, wie die Aggressionen und die aufgestaute Wut von Kindern und Jugendlichen abgebaut werden könnten.

Der erste Gedanke war, wie weiter vorne schon erwähnt, einen grossen Raum zu suchen und Boxsäcke und Handschuhe aufzuhängen, damit sie ihre Wut aus sich herausprügeln und -schreien könnten.

Gleichzeitig suchte ich in meiner Praxis nach Lösungen im Zusammenhang mit der Klangtherapie; mit ihr können Seele, Geist und Körper gereinigt werden. Durch das feine Vibrieren, das durch die Schwingungen des Klanges erzeugt wird und das Raum und Körper erfasst, können das ganze Nervensystem wie auch sämtliche Körperzellen aktiviert werden. Als Klangkörper fand ich spezielle Klangschalen aus Bergkristall. Durch das Reiben dieser Klangschalen und die daraus entstehende Eigenschwingung gerät der ganze Raum in Schwingung – und so eben auch der Körper.

Dieser Klang (und seine Obertöne) bringen den ganzen Körper in einen entspannten Zustand. Man kann es sich so vorstellen, wie wenn im Winter ein eingeschneiter Baum durch einen Windstoss von der schweren Last des Schnees befreit wird.

Da tauchte die Idee auf, beides – das heisst, den Klang und den Boxraum – miteinander zu verbinden. Diese Kombination führt auf optimale Weise dazu, Menschen ruhig, aggressionslos und ausgeglichen werden zu lassen. Und das in einer sehr kurzen Zeit. Um die kostspieligen Investitionen zu rechtfertigen, kam mir die Idee, es als Einstieg in Unternehmens-Seminare einzusetzen. So kann dieses Projekt zusätzlich sinnvolle Anwendung im Haifischbecken Business finden. Arbeitnehmer und Manager können durch das Loslassen ihrer Aggressionen, ihres Stresses und ihres Alltagsfrusts optimaler und konstruktiver an einem Seminar teilnehmen.

Ja, was für Ideen manchmal aus Not und Wut entspringen!

RITALIN-BOX-NEWS

Tages-Anzeiger 5.3.2015, Die Pille zum Frühstück

Methylphenidathaltige Arzneimittel* können ein Kind aus einer Spirale von schulischem Misserfolg und gestörtem Lernverhalten herausholen. Der Staat sollte den Konsum nicht beschränken.

Die Ritalin-Debatte trägt sektiererische Züge. Findet bei Kindern ein Missbrauch des Medikaments statt? Soll der Staat es stärker einschränken? Als Vater habe ich bei zwei meiner Kinder damit experimentiert. Der Zugang zum Medikament ist einfach, nicht nur in der Schweiz. Für meine damals zehnjährige Tochter erhielt ich das Rezept von einem Kinderpsychiater in Chile. Sie war kein hyperaktives Kind, also kein ADHS-Fall, sondern litt unter einer kurzen Aufmerksamkeitsspanne und starker Ablenkbarkeit. Wenn im Klassenzimmer eine Nadel zu Boden fiel, war sie die Erste, die es hörte. Sie störte aber nicht.

Sie nahm die Pille täglich, von Montag bis Freitag. Die schulische Wirkung des Medikaments stellte sich rasch ein. Meine Tochter war konzentrierter. Innert Wochen stieg der Notendurchschnitt. Was die Experten aber kaum erwähnen: Ein Kind jeden Morgen zu kontrollieren, dass es die Pille schluckt, ist eine Herausforderung. Für Eltern wie Kinder. Weil meine Tochter mit der Zeit die Einnahme verweigerte, entschied ich mich für begleitende Massnahmen statt Pille.

Die Noten schwankten erst stark, zu meiner Überraschung lag der Schnitt aber nicht wesentlich tiefer als mit Pille. Die Tochter wurde selbstbewusster, konzentrierte sich besser und wuchs aus der Krise heraus.

Dafür fiel ihr jüngerer Bruder ins Hyperaktivitätsschema. Auch bei ihm stieg der Notenschnitt dank Ritalin innert Wochen. Auch er fasste Selbstbewusstsein dank schulischem Erfolg. Doch auch er verweigerte nach ein paar Monaten die Pille. Ein Neurologe stellte eine Schwäche des Sprachverständnisses fest. Er riet vom Ritalin ab, schickte ihn zur Logopädin. Ich stellte eine harte Kontrolle im Unterricht und bei den Hausaufgaben sicher. Dies funktionierte nur durch Autorität und Motivation. Jetzt wächst auch er, bald 14-jährig, aus der Lernkrise heraus. Was bleibt, ist die Ablenkung durchs Internet.

Mein Fazit: Die tägliche Pille kann hilfreich sein, um das Kind aus einer Spirale von schulischem Misserfolg und gestörtem Lernverhalten herauszuholen. Die Grenze kommt automatisch, wenn Kinder die Einnahme verweigern. Die Möglichkeit der elterlichen Selbsterfahrung ist heilsam. Der Staat sollte sich da heraushalten.

* *Methylphenidathaltige Arzneimittel: Drei von Swissmedic zugelassenen Medikamente mit dem Wirkstoff Methylphenidat sind Ritalin, Concerta und Focalin.*

Autor: Andreas Valda, Bundeshaus-Redaktor Wirtschaft
«Der Bund» und «Tages-Anzeiger» 3013 Bern

Erfahrung bei Schulproblemen

Hier ein zweiter Erfahrungsbericht einer Lehrerin:

Seit bald zwölf Jahren bin ich als Lehrerin tätig. Meinen Beruf schätze ich von Tag zu Tag mehr. Kein Tag gleicht dem anderen, die Kinder überraschen mit lieben Worten und mit Geistesblitzen. Sie ärgern mit Faulenzen oder unakzeptablen Ausdrücken. Mal wird man als die einzig Gute betitelt, mal als unfähig. Oft fühle ich mich selbst als die Lernende im ganzen Zirkus.

Als Schülerin hatte ich ein geringes Selbstwertgefühl und war abhängig von meiner Umgebung. Lobte mich eine Lehrkraft und schenkte mir Beachtung, so arbeitete ich gut, scherte sie sich nicht um mich, so gelangen mir nur knapp genügende Leistungen.

Wenn ich mich verstanden fühlte, gelang alles, ansonsten weinte ich oft, weigerte mich, in die Schule zu gehen oder für das Fach der betreffenden Lehrkraft etwas zu lernen. Meine Eltern realisierten meine Unzufriedenheit und steckten mich für das neunte und zehnte Schuljahr in eine bekannte Privatschule. Für mich war diese Schule die Rettung. Da kam doch eines Tages tatsächlich ein Lehrer, klopfte mir auf die Schulter und sagte: «Das packen wir schon!» Ab sofort war ich wie sein treues Hündchen. Ich lernte für ihn wie ein Esel und freute mich jeden Tag, ihn zu sehen. Und wenn ich mal einen schlechten Tag hatte oder gerade eine Freundin trösten wollte, so verstand er, dass ich eine Lektion frei nehmen musste. Er verlangte von mir Einsatz und Ehrlichkeit. Oft suchte er mit mir das Gespräch, wenn eine Prüfung mal wieder mehrheitlich ohne Antworten geblieben war. Dies motivierte mich wieder zum Lernen (wenn auch nur für ihn).

Nach einem Jahr harter Arbeit durfte ich dann die Früchte ernten. Plötzlich war alles einfach. Die Aufnahmeprüfung ins LehrerInnenseminar bestand ich beim dritten Anlauf endlich. Dieser Schulterklopfer war eine sehr wichtige Figur in meinem Leben. Ihm habe ich die wiederentdeckte Freude am Lernen zu verdanken. Er hat mir auch viel über die Welt ausserhalb meiner Familie beigebracht.

Das Unterseminar war dann eine neue Härteprobe. Eine Art Rekrutenschule für Lernende. Mein Wille jedoch war gross, mein Selbstwertgefühl gewachsen, und der nun gut gelernte Schulstoff im Rucksack gab mir ein stabiles Fundament und sicherte mir das Überleben. Irgendwie gelang mir dann dieser Abschluss doch, nach vielen Missverständnissen mit einigen Lehrkräften.

Im Oberseminar war ich dann am richtigen Platz. Ich bezog meine eigenen zwei Zimmer in der Nähe der Schule unter den Mythen, einem wunderschönen Bergmassiv in der Innerschweiz. Der Schulstoff war endlich berufsbezogen. Die Praktika bereiteten mir grosse Freude. Der Kontakt mit den Kindern beflügelte mich. Und endlich konnte ich meine Stärken zeigen. Es schneite nur gute Noten. Ich lernte ausgesprochen schnell und gab mich oft mit einer 5

(6 ist die beste Note) nicht mehr zufrieden!

Nach zweieinhalb Jahren Berufserfahrung auf der Unterstufe wurde ich Mutter. Damit ich Teilzeit unterrichten konnte, wechselte ich auf die Oberstufe. In Kleingruppen betreute ich nun mehrheitlich ausländische Jugendliche, die sich in Deutsch hätten verbessern sollen. Doch bis es mir gelang, ihre Alltagssorgen wegzuräumen, um ein angepasstes Lernklima zu schaffen, war die Lektion oft schon vorbei! Es ist schwierig, den jungen Menschen beizubringen, dass es sich lohnt, sich für seine berufliche Zukunft ein paar Minuten anzustrengen!

Ich habe gelernt, offen zu sein für die Anliegen der Jugendlichen, auch wenn diese häufig nichts mit der Schule zu tun hatten. Jeder Arbeitstag sieht wieder anders aus. Fast immer gibt es irgendeinen Notfall. Einmal borgte ich einem 14-jährigen Mädchen Geld, damit sie einen Schwangerschaftstest kaufen konnte. Immer wieder spendierte ich mein Pausenbrot an hungrige Mäuler.

Oft nahm ich Beschwerden über andere Lehrer entgegen. Dann versuchte ich herauszubekommen, warum ein Junge mit grossen roten Buchstaben auf ein Papier schrieb: Mein Vater ist tot. Kürzlich nahm ich mir vor, einen 16-Jährigen davon zu überzeugen, mit der Drogendealerei aufzuhören. Ein 14-jähriges Mädchen verschliesst sich uns immer wieder. Die Lehrerschaft hat den Verdacht, dass es vom Vater geschlagen und misshandelt wird. Wie weiter?

Habe ich diesen Beruf gelernt? Nein. Die Fähigkeit, mit solchen vom Leben geschüttelten jungen Menschen zu ar-

beiten, lässt sich nicht erlernen! Aber erfahren! Ich übe diese Arbeit aus, weil sie mich fasziniert. Viele Lehrkräfte sagen mir, sie könnten das nicht.

Dabei müssen sie gar nichts können, sie müssen nur da sein! Nehmen, wie es eben gerade kommt, und gemeinsam mit den jungen Menschen die Dinge wieder zum Guten zu wenden versuchen.

Ich lebe ihnen vor und lasse sie meine Meinung wissen. Ich versuche zu erklären, warum die Schule einen Sinn hat; wenn auch oft vergebens. Ich setze mit den Schülern Ziele für ihre persönliche Zukunft.

Alle Sorten von Fragen werden beantwortet und alle Anliegen ernst genommen. Verhalten sich die Jugendlichen unangepasst, dann gilt es herauszufinden, warum sie dieses Verhalten an den Tag legen, also wo genau sie der Schuh drückt. Ich lerne viel von den Schülerinnen und Schülern und hoffe, sie lernen auch etwas von mir!

Am allerliebsten betreue ich Nachhilfeschülerinnen und -schüler, die privat zu mir kommen. Am Anfang steht da meist ein Telefonanruf einer verzweifelten Mutter – am Ende lese ich dann ein Dankesbrieflein einer zufriedenen, entspannten Person.

Was passiert dazwischen? Ein Schüler lernt Vertrauen in sein Können zu gewinnen und selbständig seine Aufgabenbereiche zu organisieren. Was trage ich dazu bei? Ich sitze nur daneben und freue mich mit ihm über jeden auch noch so kleinen Erfolg.

Vielleicht helfen die folgenden Beispiele, meine Arbeit mit jungen Menschen zu erklären:
R., 15-jährig, besuchte die zweite Realschule (Sekundarschule B). Seine Noten lagen irgendwo um eine 4 herum. Mathematik war sein gutes Fach.

Seine Mutter erzählte, dass er in der Schule gemobbt werde, weil er gut arbeiten möchte und das Ziel habe, in die Sekundarschule (Sekundarschule A) zu wechseln. Die Klassenkameraden nannten ihn einen Streber und schlossen ihn aus.

Am Wochenende waren sie als Gruppe ohne ihn unterwegs, bauten Blödsinn und nannten dann der Polizei die Adresse von R., so dass R. und seine Eltern am Montag ab und zu Besuch von der Polizei erhielten. Erst recht wollte der Junge noch besser arbeiten, um die Klasse und das Schulhaus wechseln zu können.

Einmal in der Woche betreute ich ihn bei mir zu Hause. Zuerst kümmerte ich mich um sein stärkstes Fach, um ihm Lerntechniken zu zeigen – auch, damit er in möglichst kurzer Zeit die bestmöglichen Noten erzielen konnte.

Dies gibt Motivation, und die Lehrerschaft ist beeindruckt, wenn ein Schüler in einem Fach gleich zu den Besten gehört. Auch zählt oft die Zeit: Probezeit, Umstufungstermin, Elterngespräch usw.

Wenn dann die Benotungen im stärksten Fach eine 5 erreichen, mache ich mich mit dem Schüler an die schwächeren Fächer. Der Schüler sollte nun in der Lage sein, in seinem stärksten Fach die guten Leistungen selbständig aufrecht zu erhalten.

Im schwächeren Fach gilt es, Stoff aufzuholen, das Weitere ergibt sich oft von alleine, da der Schüler nun über Lerntechnik und Willen neues Vertrauen in sein Können gewonnen hat!

R. erreichte bis zum Umstufungstermin eine gute 5 im Schnitt. Er war eher ein langsamer Lerner, hatte viel dafür gearbeitet und viel von den Kameraden eingesteckt.

Die Lehrer beschlossen, ihn nicht für die Sekundarschule A zu empfehlen. R.s Eltern akzeptierten diesen Entscheid. Ich empfahl ihnen, R. aus der Klasse zu nehmen. Es handelte sich nur noch um das letzte Schuljahr! Der Junge war so fleissig, und nun sollte als Belohnung alles beim Alten bleiben! R. sagte, dass er Koch werden oder – wie sein grosser Bruder – ins Gymnasium gehen wolle.

Die Eltern überprüften die Finanzen und ermöglichten ihm, das Abschlussjahr in einer Privatschule zu besuchen. In dieser Schule wurde differenzierter Unterricht angeboten. So konnte R. in Mathematik den Sekundarabschluss A erlangen und in seinem schwächeren Fach Sprache mit einem guten (Sekundarschule-B-) Realabschluss zufrieden sein.

R. freute sich wieder auf die Schule und wurde während dieses Jahres von der Familie als viel fröhlicher, selbstsicherer und aufgestellter wahrgenommen. Er durfte seine Traumlehrstelle als Koch in einem bekannten Restaurant antreten.

Ein weiteres Beispiel:
I. ist das zweite von fünf Kindern, die alle sehr gute Schülerinnen und Schüler sind. Nur kämpft I. als Legasthenikerin in den Sprachfächern. Sie blieb lange kindlich, und so entschieden die Eltern, I. für das siebte Schuljahr in die Realklasse zu schicken.

Da I. in einem kleinen Bündner Dörfchen aufwachsen durfte, war die Realklasse eine gute Lösung. In der Kleinklasse wurden die Kinder optimal gefördert, so dass I. danach noch drei Jahre in die Sekundarschule gehen durfte.

Der Berufswunsch von I. ist Kindergärtnerin. Bekanntlich braucht man ja neuerdings, um Kindergärtnerin zu werden, einen Maturitäts- oder Fachhochschulabschluss.

I. ist die geborene Kindergärtnerin, sie hütet im ganzen Dorf die Kinder, während sich die Eltern ihrem Bauerngut widmen. Die Kinder lieben sie über alles. Sie braucht nicht viele Worte, mit wenigen deutlichen Anweisungen führt sie jedes Kind oft besser als die Mutter selbst. Sie ist sehr kreativ, bastelt gerne und kann durch ihre eigene jung gebliebene Art die Gedanken der Kinder gut verstehen.

In einem so kleinen Bergdorf leben die Menschen nahe aufeinander, jeder hilft, wenn er gebraucht wird. Schon früh wurde I. auf dem Bauernhof mit dem Tod konfrontiert. Sie erlebte, wie Menschen der Dorfgemeinschaft verstarben, und mit etwa sieben Jahren brachte sie ihren eigenen verstorbenen Embryo-Bruder in einer Schuhschachtel aus dem Spital nach Hause, um ihm im Garten hinter dem Haus ein Grab zu gestalten. Sie übernahm, mehr als die anderen Geschwister, eine Mutterrolle für die Jüngeren. Sie scheute vor Verantwortung nicht zurück. Jedes auch noch so quirlige Kind ist bei ihr in sicheren Händen.

Nun, wie bringt man eine Legasthenikerin, deren schulisches Selbstwertgefühl ziemlich angeschlagen ist, an eine Aufnahmeprüfung?!

I. versuchte verzweifelt, andere Wege zu finden, mit denen sie ihren Berufswunsch auch hätte erreichen können. Irgendwann sagte ich zu ihr: Zur Kindergärtnerin führt der beste Weg über die Fachhochschule. Wenn du die Aufnahmeprüfung nicht machst, dann, bitte, darum, weil du nicht länger in die Schule gehen willst und nicht weil du glaubst, es nicht zu können! Du kannst das schaffen! Du bist gut!

Dann sprach ich nicht mehr mit ihr über dieses Thema. Sie entschloss sich, die Prüfung zu machen, lernte, bestand sie und absolviert nun ohne Probleme, jedoch mit Fleiss, die Fachhochschule, welche ihr anschliessend das Kindergartenseminar ermöglicht!

Bald wird eine Bündner Gemeinde um eine sehr begabte, romanisch sprechende Kindergärtnerin reicher sein, falls sie beim Bewerbungsgespräch die Sprachnoten nicht überbewertet. Wenn eine Schulgemeinde die guten Pädagogen nicht erkennt, wird sie auch kein Verständnis haben für ihr Handeln. Demzufolge hat sie es auch nicht verdient, gute Pädagogen an ihrer Schule zu haben.

Welche Lehrerinnen und Lehrer würden unsere Kinder aussuchen? Die mit guten Zeugnisnoten oder solche mit einem Lachen im Gesicht?

Für mich gibt es keine dummen Kinder. Ja, sicher, es gibt solche mit Behinderungen, die haben es je nachdem etwas schwerer, sich den Schulstoff anzueignen. Von den Kindern, die keine zufriedenstellenden Leistungen in der Schule erbringen, haben viele ein schlechtes Selbstwertgefühl. Sie sehen sich in der Rolle der Schulversager und getrauen sich nicht, daran etwas zu ändern. Die Wahl dieser Rolle kann aber auch ein Schutz vor Angriffen oder Leistungsdruck sein.

Es sind oft sehr sensible Kinder, die diesen Weg wählen. Einerseits trauen sie sich gar nicht zu, besser zu sein, andererseits wurde ihnen der Taugenichts von verschiedenen Menschen ihrer Umgebung aufgesetzt.

Welche Gründe stecken dahinter, wenn ein Kind sich von Anfang an für diese Rolle entscheidet? Stellt ein älteres Geschwister den Anspruch, besser zu sein? Oder hat das Kind eine grosse Sensibilität, und könnte es scheitern, wenn es etwas nicht erreicht, das es sich vorgenommen hat? Weil das Kind sich von Anfang an zum Selbstschutz als minderwertige Person definiert, muss es nie enttäuscht sein, wenn etwas nicht gelingt.

Heimlich sind solche Kinder aber voller Träume, Wünsche und grosser Ziele. Oft leben sie in Luftschlössern, da sie dort ihre Welt so gestalten können, wie sie ihnen gefällt; dort gibt es für sie keine Grenzen, keine Realitäten und auch keine Autoritäten, sondern höchstens Menschen, die durch ihr Handeln Achtung verdient haben.

Wenn ein Mensch den Zugang zu so einem Kind findet, lässt es sich gerne auf seinem Weg begleiten. Es vertraut ihm und braucht keine Angst zu haben, dass es allzu tief fallen könnte. Das gelingt jedoch nur, wenn die führende Person authentisch ist, ihre eigenen Wünsche lebt und so eine Vorbildfunktion übernimmt. Das Kind wird glücklich und sehr dankbar sein, dass es eine Weile an der Hand genommen wird.

Man staune, wie schnell und flink es plötzlich alleine weiterlaufen wird! Solche Kinder wünschen sich Verständnis und wollen ihre Ideen und Gedankengänge mitteilen. Sie wünschen, gefragt zu werden.

Liebe Pädagogen, liebe Pädagoginnen, zeigt jedem Kind, wie wichtig es euch ist, dass seine Meinung interessiert und ihr offen seid für seine Ideen. Nehmt es ernst und behandelt es wie einen vollwertigen Menschen. Lebt ihm Freude am Lernen vor und lernt selber, dann wird es euch nacheifern. Versucht das Kind zu verstehen, fragt nach, erkennt seine Stärken, und lobt es! Durch euer eigenes verantwortungsvolles Vorleben wird es auch bereit sein, an seinen Schwächen zu arbeiten. Versucht nicht, Macht auszuüben und autoritär zu wirken. Für die Entwicklung des Kindes würde das einen Rückschritt bedeuten und das Gegenteil bewirken.

Kinder brauchen Regeln, und sie sollen ihre Fehlhandlungen durch die dadurch entstandenen Folgen selber erkennen. Sie benötigen aber keine Befehle, sondern wir kön-

nen sie bitten. Warum sollen wir Erwachsenen das Recht haben, einem Kind etwas zu befehlen, und gleichzeitig erwarten, dass die Kinder uns um einen Gefallen bitten?! Manchmal braucht es nur ein ernst gemeintes, ermutigendes, liebes Wort – und es läuft wieder.

Ich danke Franziska für diese Gedanken! Sie gelten nicht nur für schwache Schüler! Nein, sie gelten auch für sensitive, hochbegabte Kinder, die noch nicht an ihre Stärken herankommen, weil sie nicht verstanden oder gar unterdrückt werden. Es geht um den Menschen, um das Kind in seinem Sosein. Mit diesen Hilfestellungen, mit einem offenen Denken und Handeln können wir bei jedem Menschen das Vorhandene aus dem Verborgenen holen. Es ist der Glaube an sich, an den Menschen – den Kindern diesen Glauben vorzuleben, kann die grössten Schweizer Berge versetzen!

RITALIN-BOX-NEWS

Einem Elternforum entnommen

Hallo, ich mische mich nun auch noch unter euch. Unser Sohn ist 10 Jahre alt und seit 4 Jahren in Behandlung wegen seines ADHS. Anfangs gaben wir ihm Ritalin, er wog dazumal 25 kg und heute ist er erst 27 kg. Sein Appetit hat extrem nachgelassen. Daraufhin versuchten wir es mit Concerta 18 mg, infolgedessen er einen Schock erlitt (nicht mehr ansprechbar, erweiterte Pupillen), weswegen wir es sofort wieder absetzten. Vor 2,5 Jahren hat er Strattera 25 mg verschrieben bekommen. Es sollte nicht seine Hyperaktivität reduzieren, sondern sein Sozialverhalten ändern. Da die Selbststeuerung dieser Kinder eher negativ ausfällt, haben wir es versucht und haben grosse Erfolge erzielt. Natürlich ist es mit dem Medikament nicht behoben, aber für alle eher nachvollziehbar. Der Spiegel beträgt 24 Std., was sich sehr stark ausgewirkt hat. Unser Sohn bekommt am Morgen zusätzlich noch Ritalin, welches 8 Stunden hält. Das Auf und Ab entfällt wegen dem Strattera gänzlich. Das Ritalin hilft ihm, die Schulzeit gut zu überstehen, und das Strattera wirkt sich stark auf sein Sozialverhalten aus und hilft auch, dass er nicht «fällt», wenn das Medi nachgelassen hat. Leider wirkt das Ritalin immer noch sehr auf sein Essverhalten, er ist eher dünn und klein für sein Alter. Ohne Medis würde er aber seinen Alltag in der Schule nicht bewältigen können. Es gibt immer Für und Wider bei einer Medikation, schlussendlich müssen wir uns vielleicht gegen unsere Prinzipien entscheiden und uns überlegen, wie sich unser Kind in dieser Situation fühlen mag. Immer ausgegrenzt und verspottet, das muss schlimm sein für unsere Kinder. Wir können unsere Gesellschaft nun mal nicht ändern, nur sensibilisieren.

Die Resonanz Schule

Zum Abschluss der Schulzeit meines Sohnes Jean-Marc machte ich mir einmal Gedanken, wie eine Schule für uns eigentlich sein sollte. Egal, welche Intelligenz bei einem Kind vorhanden ist, es gibt einen absolut wichtigen Grundsatz – die Aufmerksamkeit.

Als wir wieder einmal zusammen sassen, um das Oberstufenproblem unseres Sohnes zu besprechen, kamen wir zu folgendem Schluss: Jean-Marc besitzt die Intelligenz, um in der obersten Stufe (Sekundar-A) zu bestehen. Dort wäre er jedoch vom disziplinarischen Anspruch, dem die Kinder gewachsen sein müssen, überfordert. Die erwarteten Strukturen und die Disziplin werden in der Regel erst um das 18. bis 20. Altersjahr, vor allem durch eigene Erfahrung, gelernt.

Da aber seine Aufmerksamkeit zu wünschen übrig lässt, würde er in die mittlere Stufe (Sekundar-B) gehören. Dort wäre es ihm aber zu langweilig, da er vom Schulstoff unterfordert wäre. Und da kommt noch ein Problem dazu: Dort hätte er viel mehr Mitschüler, die ihm im persönlichen Niveau unterlegen wären. Er würde damit viele überfordern und sich auch zu viel mehr Unsinn verleiten lassen, was früher schon mal vorkam – mit schweren Folgen, wie wir wissen.

Die Lösung in der oberen Stufe Sekundar-A wäre eine gezielte Aufmerksamkeit während des Unterrichts. Die Schule müsste wieder viel fantasievoller und flexiber gestaltet werden. Wie lernten wir doch das Rechnen? Ein Apfel und ein Apfel gibt zwei Äpfel … Das kann sich jedes Kind bildlich vorstellen. Fällt aber später das Bild, die Brücke, zu einer Zahl weg, beginnen die Probleme, weil die Zusammenhänge nicht mehr erkannt werden. Je höher die Schulklasse, desto höher ist der Anspruch an das strukturierte Denken. Es wird nicht mehr vermittelt, wie wir etwas lernen, wie wir zu einer Lösung kommen. Es wird als selbstverständlich angesehen. Aus diesem Grunde beginnen die Probleme in der Schule meist erst, wenn es schon fast zu spät ist. Wie kann das Problem gelöst werden? Ganz einfach: mit mehr Aufmerksamkeit der Sache gegenüber respektive mit der Resonanz der Schüler. Was heisst das? Je spannender der Unterricht gestaltet wird, umso mehr machen die Schüler mit. Sie werden von den Inhalten gefesselt, gepackt und hineingezogen, sie erleben ihr Lernen mit Bildern und Emotionen. Okay, der Pädagoge würde jetzt sagen: Ich habe nicht nur einen Schüler, sondern ich habe 20 Schüler in der Klasse! Stimmt, das ist so. Aber wenn alle Schüler so involviert werden, machen alle 20 aktiv mit, und es gibt keine Probleme mit sensitiven Kindern! Hm, mir ist schon auch bewusst, dass es sehr schwierig ist, wenn nicht fast unmöglich, für alle die stimmige Resonanz herzustellen. Dies geschieht leider nur in Klassen mit zehn oder weniger Schülern.

An diesem Punkt waren wir also mit Jean-Marc angelangt. Wo gibt es solche Klassen? In speziellen Schulen mit Kleinklassen; aber dort hat es sehr viele schwersterziehbare Kinder, und die wiederum haben keine Gemeinsamkeiten mit den hochbegabten Kindern. Der soziale Unterschied wäre für die extrem sensitiven Kinder katastrophal! Sie würden die negativen Schwingungen aufnehmen und sich anpassen. Das Resultat: Sie würden aggressiv!

Da bleibt nur noch eine geeignete Privatschule mit Kleinklassen. Kosten: 25–40 000 Schweizer Franken pro Jahr. Das Angebot an solchen Schulen ist, bei uns in der Schweiz zumindest, sehr gross. Es gibt für jede Richtung von Hochbegabung die entsprechende Schule. Dort müssen die Lehrerinnen, die Lehrer und die Schule als Ganzes dem Schüler etwas bieten und in der Konkurrenz zu anderen Privatschulen bestehen. Dank dieser Bemühungen entsteht eine Lernsituation, die schon zu 90 Prozent an die optimale Schulbildung heranreicht. Also, es zählt die Resonanz, die vom Lehrer und dem ganzen schulischen Umfeld ausgelöst wird, um das Kind bestmöglich zu motivieren und zu fördern.

Apropos: Dass die schweizerischen Schulgemeinden die Lehrgelder, die das Kind in der öffentlichen Schule kostet, zugunsten einer Privatschule freigeben würden, käme einem Aufstieg auf das Matterhorn im Rollstuhl sehr nahe.

Einfach mal nur laut gedacht:

«Wir haben ein Schulsystem mit Bestrafungsmethoden … Könnte es sein, dass wir mit Belohnungsmethoden weiter kämen?»

Wir sind oft Legastheniker, haben ADS/ADHS

Doch zuvor eine kurze Definition: Legasthenie ist eine Lese- und Rechtschreibschwäche. Sie ist zurückzuführen auf das sehr starke bildliche Denken, das in der rechten Hirnhälfte stattfindet. Dadurch ist der Fluss in die linke Hirnhälfte oft gestört, so dass es für Betroffene sehr schwer ist, aus der bildlichen Welt (der rechten Hirnhälfte) in die strukturierte Welt (die linke Hirnhälfte) zu wechseln. Dasselbe gilt bei ADS (der Aufmerksamkeits-Defizit-Störung) und ADHS (der Aufmerksamkeits-Defizit-Hyperaktivitäts-Störung). Die meisten Hochbegabten und Indigos sind Legastheniker respektive werden als solche gesehen! Das stimmt in dem Sinne so auch, weil sie genau gleich funktionieren. Sie müssen (dürfen) motiviert werden – aus der bildlichen Welt (ihrer Träume) geholt werden. Das geschieht, wenn zum Beispiel der Unterricht sehr spannend gestaltet wird und die eigene Kreativität eingebracht werden kann.

Was wir teilweise auch nicht können, ist zuhören. Wenn uns etwas erklärt wird, wir aber keine Bilder mit unserem Denken dazu sehen können, ist es für uns sehr schwer, einer Erklärung zu folgen. Ein Diktat zum Beispiel ist dann für uns sehr schwer zu fassen. Ich kann mir auch nie einen Weg erklären lassen – nach dem ersten Satz kann ich nichts mehr aufnehmen. Ich kann mir in meiner Praxis keine Namen merken. Als bildlich denkender Mensch kann ich die Informationen zu einem Klienten nur via Gesicht abrufen. Diese Informationen können dann aber so präzise sein, als wären sie vor wenigen Minuten abgelegt worden, auch wenn Jahre dazwischenliegen.

Wie soll unsere Schule, die Benotung für uns sein?

Wie schon so oft erwähnt, braucht es für uns keine besonderen Schulen. Aber es bedarf einer speziellen Vorgehensweise in Prüfungen und deren Benotungen, die ja schliesslich ins Zeugnis einfliessen. Die Empfehlungen, die ich hier zu Papier bringe, können in jeder Volksschule bis hin zur Hochschule angewendet werden. Es bedarf nur im Vorhinein einer Abklärung, welche Schüler in den Genuss dieser Regelungen kommen können.

Benotung: Schriftliche und mündliche Prüfungen sollten für uns gleich gewichtet werden. Die mündliche Note sollte aufgrund eines rein mündlichen Leistungsnachweises erfolgen. Wir sollten genau gleich viele mündliche Leistungsnachweise (z. B. Vorträge) erbringen können wie unsere Mitschüler schriftliche.

Wir sollten von Rechtschreibepflichten befreit werden. Wollen wir sie trotzdem absolvieren, sollen sie von der Zeugnisnote ausgeschlossen sein. Es soll eine verbale Beurteilung stattfinden, die uns Aufschluss über unsere Fortschritte gibt.

Weil wir Texte schlecht lesen und erfassen können, brauchen wir ein Mehrfaches an Zeit, um uns mit der Fragestellung, der Aufgabe vertraut zu machen. So brauchen wir bei einer schriftlichen Aufgabe auch ein

Mehrfaches an Zeit, um die Lösung niederzuschreiben. Es sollte uns auch möglich sein, als Nachteilsausgleich die Aufgaben mündlich durchzugehen. Wir brauchen für eine Prüfung im Minimum das Anderthalbfache der regulären Prüfungszeit.

Liebe Leserin, lieber Leser, du siehst: Wenn unsere Schulsysteme sich etwas anpassen würden, könnten wir unsere Schulzeit mehr oder weniger problemlos durchschreiten.

Was ich aber an dieser Stelle nochmals in Erinnerung rufen möchte: Die in der Schule auftretenden Schwierigkeiten haben absolut nichts mit der Intelligenz zu tun. Es ist so, dass viele von uns absolut kein Problem mit der Schule haben. Für sie braucht es auch keine besonderen Rücksichtnahmen, denn sie haben später auch keine Probleme an höheren Schulen und Universitäten.

Mir ist es ein besonderes Anliegen, dass wir möglichst gut durch die Schulzeit kommen, deshalb habe ich diesem Thema so viel Platz gegeben.

Schulsysteme anpassen

Vor einiger Zeit wurde veröffentlicht, dass eine neue schweizerische Pisa-Studie aussagt, dass unsere Kinder wieder schlechter lesen und rechnen können. Der Kanton Zürich zum Beispiel verschlechterte sich. Innert Wochen gab der Regierungsrat bekannt, dass er mehrere Millionen investieren wolle, um dies wieder zu verbessern. Wenn wir schauen, welche Kinder speziell gefördert werden, stellen wir einmal mehr fest, dass es Kinder mit Migrationshintergrund sind. Haben wir in den letzten Jahren nicht schon hunderte von zusätzlichen Heilpädagogen bekommen, die schwache Kinder fördern sollen? Da ich viele Bekannte habe, die in öffentlichen Schulen arbeiten, fragte ich nach, wo diese Heilpädagogen eingesetzt würden. Ich bekam überall die Antwort, dass Kinder gefördert werden, die eigentlich in eine Sonderklasse ausgegliedert werden sollten. Es seien sehr schwache Schüler oder Kinder von Ausländern, die noch nicht lange in der Schweiz verweilen. Irgendwie stimmen mich solche Tatsachen immer wieder sehr nachdenklich.

Bei dieser Gelegenheit möchte ich ein Beispiel erzählen, das eine Bekannte in der Schule als Aushilfslehrein erlebt hat. Ein Knabe mit ADS konnte die Zahlenreihen nicht lernen. Er konnte sich nicht konzentrieren, um so etwas Strukturiertes zu lernen.

Meine Bekannte versuchte herauszufinden, was er zuhause am liebsten unternehme. Er zählte verschiedene Dinge auf, unter anderem, dass er sich gerne draussen auf dem grossen Trampolin bewege. Sie gab ihm daraufhin die Aufgabe, mit der Mutter zum Trampolin zu gehen und mit ihr zusammen die Zahlenreihen zu üben, während er herumhüpfe.

Etwa zwei Wochen später kam seine Mutter in die Schule und fragte, ob sie die Lehrerin mit dieser Idee vom Trampolin sei. Sie erzählte: «Er hüpfte und hüpfte auf dem Trampolin, und er hatte einen Riesenspass dabei, die Zahlenreihen zu lernen, obwohl er diese in der Vergangenheit immer gehasst hatte. Anschliessend ging er in sein Zimmer und lernte noch eine Stunde Deutsch, was er zuvor noch nie freiwillig gemacht hatte. Es gab ihm einen unheimlichen Motivationsschub für die ganze Schule!»

Ja, als mir die Bekannte dies erzählte, hatte sie Tränen in den Augen. «Weisst du, es sollte an den Schulen viel mehr auf solche Dinge geachtet werden. Die Kinder wollen doch auch Spass haben an dem, was sie tun … müssen …»

Wie können wir den Kindern Spass beibringen, äh, wie können wir Kinder motivieren, Spass an der Schule zu haben? Dies wäre mit wenig Aufwand und Fantasie problemlos möglich. Wir müssen nur das Schulsystem etwas anpassen. Das heisst, wir müssen nur herausfinden, wo ein einzelnes Kind seine Stärken hat. Jedes

Kind hat Stärken, hat Sachen, die es gerne macht. Wir müssen in der Schule vermehrt Fächer wie zum Beispiel Theaterspielen, Musicalaufführungen oder Ähnliches in den normalen Schulstoff integrieren. Ödes Deutsch kann in kleinen Gruppen zum Beispiel als Rap einstudiert und vorgetragen werden. Kann ein ADS-Kind mit einer speziellen Vorstellung die Klasse begeistern, gibt ihm das ein enormes Gefühl, dazuzugehören, auch wenn es keine Diktate schreiben kann. Ist es im Theater oder in einem Musical der Star, geht es viel lieber und vor allem gut integriert zur Schule! Wollen wir also Geld für alle Kinder sinnvoll ausgeben, ist es angebracht, mehr Theaterpädagogen und Sport- oder Musiklehrer anstelle von Heilpädagogen einzustellen. Wollen wir es besonders gut machen für unsere Kinder, dürften wir das Schulsystem auf individuelle Beschulung umstellen. Mittlerweile gibt es Spezialisten, die Kompetenzrastersysteme anbieten (www.kompetenzraster-netzwerk.com). Eine Kurzbeschreibung aus der Website:

Nutzen für Lehrkräfte

Kompetenzraster dienen Schulkindern und Lehrkräften gleichermassen: Lehrkräfte erhalten ein Unterrichtsplanungs- und Kontrollmittel, welches ihnen ermöglicht, der Leistungsschere innerhalb einer Klasse gerecht zu werden, den Lernstand der Kinder zu überblicken und dem jeweiligen Wissensstand entsprechend individuell angemessene Lerninhalte anzubieten. Ganze Schulhausteams können mit Kompetenzrastern sogar klassen- und jahrgangsübergreifenden Unterricht umsetzen, was mit den herkömmlichen Lehrmitteln kaum möglich war.

Nutzen für Schulkinder

Den Schulkindern bieten Kompetenzraster die Möglichkeit, Lerninhalte in ihrem eigenen Tempo zu erarbeiten, an sich selber und nicht am Lernstand der Klassenkameraden gemessen zu werden. Selbstgesteuertes, eigenverantwortliches Lernen ist dadurch optimal möglich.

Wie funktionieren Kompetenzraster?

Der Lerninhalt eines Fachgebietes wird in vier bis sechs Schwierigkeitsbereiche von elementar bis anspruchsvoll aufgeteilt. Der Wissensstand eines Kindes wird überprüft und in den Kompetenzraster übertragen. Nun ergeben sich innerhalb eines Fachgebietes zu erarbeitende Lerninhalte, welche dem Lernstand eines Kindes angemessen sind. Mit diesen Lerninhalten gilt es nun durch den Lehrer oder andere Schulkinder Bekanntschaft zu machen, so dass ein Lerninhalt individuell oder in Kleingruppen erarbeitet werden kann. Über- und Unterforderung können dadurch weitgehend vermieden werden. […]

Kompetenzraster werden bereits in vielen privaten Schulen erfolgreich angewendet. Also, liebe Leserin, lieber Leser, es gibt verschiedene Möglichkeiten, in unseren speziellen wie auch in den normalen Kindern wieder etwas Spass am Schulbetrieb zu wecken. Es braucht für spezielle Kinder nicht spezielle Schulen, sondern nur solche, die alle Sinne aktivieren und integrieren. Dadurch wird das Selbstwertgefühl jedes Schülers gestärkt. Hat ein Schüler Spass in der Schule und bekommt er Anerkennung, ist er viel problemloser zu handeln, und er braucht nicht mehr verhaltensauffällig zu sein. Ach ja, das Ziel der Schulzeit dürfte sein: Kinder zu gut integrierten Menschen auszubilden.

Viele hochbegabte Kinder haben Akademiker-Eltern

Diesen Satz las ich kürzlich auf der Homepage einer Stiftung, die Hochbegabte fördert. Das stimmt jedoch nicht. Ich finde es sehr gut, dass es solche Stiftungen gibt. Doch wenn wir die Zusammensetzung des Stiftungsrates dieser Stiftung ansehen, stellen wir fest, dass neun von zehn Stiftungsrätinnen und -räten Akademiker sind - mehr brauche ich dazu nicht zu sagen.

Von all den Hochbegabten, die ich kenne, sind – wenn es hoch kommt – nur 30 Prozent Kinder von Akademikern.

Ich bin noch heute sehr froh darüber, aus einer ganz normalen, materiell bescheidenen Familie zu stammen. Ich bin auch sehr glücklich, dass ich Automechaniker lernen durfte. Ja, es trifft zu, dass es mich sehr oft beschäftigte, auch traurig stimmte, dass ich in meinem Wesen nicht erkannt wurde und sowohl wegen meiner Legasthenie (die in Wirklichkeit keine ist) als auch wegen meines rebellischen Verhaltens nie hätte studieren können. Heute jedoch erkenne ich es als Geschenk. Ich ging durch mein Leben, um zu erfahren; ich sammelte mein Wissen aus Erfahrung.

Heute setze ich mit meiner Arbeit als Heiler da an, wo das Wissen der Medizin, der Forschung erschöpft ist. Wer ist jetzt weiter gekommen im Leben?

**«Ich bin heute der Meinung,
dass das Wissen anderer unser Wissen,
unser Denken blockiert,
wenn wir für sie nicht mitdenken.»**

Aber bitte, liebe Leserin, lieber Leser, du darfst mir glauben, es braucht das Wissen der Schulmediziner. Ich befürworte die Schulmedizin voll und ganz. Hochbegabte müssen aber nicht nur Mathematik-Genies sein, sie sind eben auch Sportler, Künstler, Selfmade-Manager und Unternehmer, die nie eine Hochschule besucht haben.

Also, ein IQ-Test sagt nicht immer alles aus, schon gar nicht über Hochbegabung. Wenn sich ein Kind wirklich aus freien Stücken dazu bereit erklärt, einen solchen Test zu machen, soll es das tun. Aber bitte, liebe Eltern, drängt euer Kind nicht dazu! Es ist viel wichtiger, euer Kind so zu nehmen, wie es ist. Fördert es, wenn die Möglichkeit dazu besteht.

Ich sah kürzlich einen Dok-Film über hochbegabte Kinder, die über einen Zeitraum von 15 Jahren begleitetet wurden. Eines der Kinder, das aus einer Musikerfamilie stammte und umgeben von Musik aufwuchs, war wohl schon von klein auf sehr begabt. Es stellte sich aber schliesslich heraus, dass es mit 20 Jahren wohl aussergewöhnlich Klavier spielen konnte, aber sich dennoch nicht zu dem Wundermusiker entwickelte, den sich die Eltern gewünscht hatten.

Ein anderes hochbegabtes Mädchen wurde von seinen Eltern durch deren Glauben eingeschränkt, dass es sich als Frau nicht so entwickeln könnte, wie es sich das gewünscht hatte. Ein weiteres Wunderkind erfüllte einen Teil der Forderungen der Eltern bis auf eine, die es als sinnlos empfand. Der Vater reagierte darauf sehr gekränkt und enttäuscht. Ist es das, was sich solch hochbegabte Kinder wünschen? Nein, liebe Eltern, wir brauchen wohl Leitplanken, Wegweiser, aber solche, die uns auch entsprechen. Wir erfüllen von Herzen gerne Wünsche, entsprechen Vorstellungen, aber nur dann, wenn sie mit unseren eigenen in Einklang zu bringen sind.

Liebe Eltern, denkt nicht, dass ihr das Privileg habt, ein besonderes Kind zu haben, und deshalb mit stolzer Brust die Welt durchstreifen könnt. Denn wenn wir nicht mehr wollen, fällt ihr verdammt tief.

Ich würde jedem empfehlen, den Film «Vitus» des Schweizers Fredi M. Murer anzusehen (er ist mittlerweile auf DVD erhältlich). Dieser Film zeigt sehr authentisch den Werdegang eines hochbegabten Jungen. Seine Mutter opfert sich für ihr hochbegabtes Kind auf, ist aber masslos enttäuscht, weil nicht alles so läuft wie geplant.

Also nehmt doch bitte euer Kind einfach an der Hand und versucht es zu führen, nach bestem Wissen und Gewissen. Gebt ihm Liebe und Zuneigung, wenn mal etwas nicht so läuft, wie es geplant ist. Lasst es nichtsdestotrotz Kind sein, auch wenn es am liebsten erwachsen sein möchte. Seid ihm Kumpel und nicht Familienoberhaupt. Gebt ihm Freiheit und macht nicht genau das Gegenteil, wie es oft geschieht. Bestraft es nicht, wenn es das nicht versteht. Fragt das fast immer besser wissende Kind auch mal, ob es verstanden hat, weshalb es dies oder das nicht tun soll, wofür es bestraft wurde. Redet mit ihm wie mit einem erwachsenen Menschen. Merkt euch seine klugen Ratschläge, ihr werdet, wenn mal etwas nicht so läuft wie geplant, dankbar darauf zurückgreifen.

Liebe Leserin, lieber Leser, ich beschrieb bereits ausführlich, wie unser Denken funktioniert, und habe das mit meinem Vergleich zwischen einem altmodischen Schwarz-Weiss-Stummfilm und der digitalen Hightech-Filmtechnik erläutert. Das alleine reicht aber noch nicht, um die Hochbegabung ausreichend zu erklären. Was ist es noch?

«Es ist das Wissen,
das wir im Aussen beziehen.»

Das Wissen, das wir im Aussen beziehen? In welchem Aussen?, fragst du dich jetzt vielleicht. Ich versuche es dir so zu erklären: Jeder von uns hat schon einmal geträumt, oder? Du hast dich bestimmt gewundert, dass ein Traum, der sehr lang war, eigentlich nur in wenigen Sekunden stattfand, nämlich in der Aufwachphase. Ja, das ist so. Wenn wir schlafen, bemerken wir weder Raum noch Zeit. In der Aufwachphase kommen wir in eine Zwischenstufe zwischen Schlaf und geistigem Bewusstsein. Diesen Zustand nennen manche auch Alphazustand.

In diesem Zustand, den auch Einstein beschrieb, steht die Zeit sozusagen still. Wir haben dann fast unbeschränkt Raum und Zeit, um zu träumen.

Wo befindet sich dann unser Denken, während wir träumen? Im Aussen.

Im Aussen heisst, wir bewegen uns im äusseren, alles umfassenden Universum, diesem grossen Universum, das ich bereits im Zusammenhang mit den Ägyptern erklärt habe.

Da sich ja dieses Universum in 18-fach schnellerer Lichtgeschwindigkeit dreht als unser Sonnensystem, in dem sich dein Körper zu diesem Zeitpunkt befindet, sind eben auch unsere Gedanken um 18-fache Lichtgeschwindigkeit schneller! Dort draussen ist auch sehr viel Wissen abgelegt. Dieses Wissen stammt von unseren Vorfahren, aus unseren eigenen früheren Leben und aus den jetzigen Leben. Es gibt dort aber auch so etwas wie eine universelle Bibliothek, auf die wir Zugriff haben – in den Träumen eben.

Was hat Träumen mit Hochbegabung zu tun?

Ganz einfach, ein Hochbegabter träumt bei vollem Bewusstsein, im Aussen.

Ein Hochbegabter hat bei vollem geistigem Bewusstsein Zugriff auf diese universelle Bibliothek! Von manchen wird dies auch das dritte Auge genannt. Das ist das Geheimnis! Aus diesem Grund kann ein hochbegabtes Kind bereits Dinge erklären und wissen, die es eigentlich noch gar nicht wissen kann. Es kann so zum Beispiel schon in jungen Jahren komponieren, wie es die grossen Komponisten Mozart, Vivaldi, Chopin, Schubert u. a. in den vergangenen Jahrhunderten taten. Wir befinden uns dann wie in der Vogelperspektive, im Aussen, und gleichzeitig in unserem Körper und verbinden das miteinander.

- Ein sprachlich hochbegabtes Kind kann so im Aussen auf einen Wortschatz zugreifen, den es so noch nicht gelernt hat.
- Ein visuell-räumlich Hochbegabter kann sich durch und in einen Raum denken, ihn sich vorstellen, den «normale» Menschen gar nicht sehen.
- Ein emotionell intelligenter Hochbegabter kann sich mit den Emotionen und Eindrücken anderer verbinden und sie so wahrnehmen, deutlich mehr als normale Menschen es vermögen.

- Ein bewegungsintelligenter Hochbegabter kann sich mit der Sportart, einem Sportgerät oder dem Gegner verbinden; den Gegner überwindet er meist mittels der durch die Verbindung gewonnenen Informationen.
- Ein mathematisch intelligenter Hochbegabter kann sich mit Zahlenreihen, Zahlenfolgen, Formeln und Lösungswegen verbinden, wie es normale Denker nicht können.

So einfach ist das. Und für uns ist es das Normalste dieser Welt, dass wir so funktionieren. Wir träumen, wenn das Wissen von aussen angefordert wird, mit vollem Bewusstsein.

So arbeite ich zum Beispiel als Heiler. Ich nehme über den Körper des Klienten mit seiner Seele Kontakt auf, verbinde mich mit dem Körper, sehe so in den Körper hinein, erkenne Schwachstellen, behebe sie mit dem göttlichen Licht und heile so eine Krankheit. Ich löse aber auch die Verbindung, die Ursache der Krankheit auf, indem ich im Aussen nachfrage, wie es überhaupt dazu kam. Die effektive Heilung läuft meist innerhalb weniger Sekunden ab, während ich mich im Aussen bewege. Was mehr Zeit braucht, ist das Auflösen der Muster und Blockaden, die zur Krankheit geführt haben. Über die Hellsichtigkeit, die, wie gesagt, nichts anderes ist, als sich im Aussen zu bewegen, bekomme ich all meine Informationen, die ich dazu benötige. Das alles geht jeweils so schnell, dass ich es auf dem rationalen Weg, in meinem normalen Geist gar nicht mehr nachvollziehen kann. Ich kann aber in diesem Aussen-Zustand auch noch gleichzeitig an jemand anders denken, der zum Beispiel gerade an einer Prüfung sitzt und normalerweise Prüfungsangst hat. Ich bin dann geistig auch dort und ordne seine Gedanken. Dies geschieht alles gleichzeitig, im Aussen.

Und so ist es für mich – wie für ein Rechengenie – das Normalste der Welt!

Du kannst dir aber vorstellen, dass ich früher auch nicht wusste, weshalb ich das alles tat. Ich weiss es erst, seit ich mich intensiv mit der Hochbegabung befasse und immer wieder im Aussen nach den Antworten suche.

Begreifst du jetzt, was ich meinte mit der Aussage, dass es zwischen einem mathematisch Hochbegabten wie Bill Gates und einem Heiler eigentlich keinen Unterschied gibt – im Denken?

Ich benutze diese Fähigkeiten auf verschiedenen Ebenen. Ich kläre mit der Justiz Verbrechen auf, indem ich im Aussen nachfrage, ich führe Verhandlungen mit Menschen in Konfliktsituationen und in schwierigen Vertragsverhandlungen, ich forsche mit anderen, normalen Forschern, ich kommuniziere mit Tieren und schreibe Bücher mit Informationen, die vom Aussen kommen. Und noch so vieles mehr. Wenn ich heute mit einem Klienten arbeite, weiss ich von ihm überhaupt nichts. Meine Assistentin führt das Vorgespräch. Ich gehe an die Arbeit, ohne ein Wort mit dem Klienten gewechselt zu haben. Ja, bereits schon auf dem Weg in den Praxisraum weiss ich, was mich erwartet. In der Arbeit selbst spiegelt sich der Körper des Klienten in meinem Körper, so spüre ich seine Schmerzen und bekomme die Ursachen dafür mit. In Gedanken löse ich wie in einem Traum die Ursachen und übermittle ihm (dem Körper, der Wirbelsäulen-Seele des Klienten) auf dem Gedankenweg das Resultat, das Gefühl, die Emotionen. Mit diesem Impuls kann eine Krankheit geheilt und können die Ursachen aufgelöst werden. Es mag für dich verrückt erscheinen, aber für mich ist es wie Kaffeetrinken.

Ich fasse nochmals kurz zusammen, wie ein Hochbegabter denkt: Er begibt sich im Denken automatisch ins Aussen, ins grosse Universum, wo es keinen Raum und keine spürbare Zeit gibt, weil alles extrem schnell abläuft. Das geschieht, ohne dass wir es so wahrnehmen. Durch die extrem hohen Schwingungen, die im Aussen herrschen, ist dieses Denken ebenso schnell. Dieses Denken brechen wir dann in unserem Hirn, vor allem in der rechten Hirnhälfte, herunter, so dass es wie durch einen Trichter gesammelt und verdichtet und in der hiesigen Geschwindigkeit übertragbar wird, so dass unsere (normalen) Mitmenschen es aufnehmen können. In diesem Aussen holen wir diverse Informationen oder nutzen die Geschwindigkeit des extrem schnellen Denkens, um auf ein Resultat zu kommen, auf das wir im normalen Denken unseres Geistes nicht kommen würden. Dieses Denken im Aussen können wir je nach ausgeprägter Intelligenz einsetzen, wo und wie es gebraucht wird. Ein Zahlengenie löst so schwierige Aufgaben, ein Sportler schwingt sich in verschiedene Materien und Gegner ein, ein Komponist bezieht die Noten und Kombinationen eines Musikstückes aus der universellen Bibliothek, ein Programmierer holt sich die komplexen Kombinationen für die Entwicklung einer Software, ein Künstler erhält Bilder und Inspirationen, ein Buchautor die Informationen, die er als Kanal dann zu Papier bringt, und so weiter.

Ein Beispiel aus dem Denken im Aussen

Ich möchte nochmals ein Beispiel zum schnellen Denken im Aussen erzählen: Heute habe ich mit einem Klienten gearbeitet. Während der Arbeit habe ich verschiedene Bilder, Filme bekommen. Wie ich vorhin beschrieb, gehe ich bei meiner Arbeit ins Aussen. Ich erlebe für den Klienten dann Geschichten, die Gefühle und Emotionen auslösen, die zum Lösen einer Blockade gebraucht werden. Als ich mit der Arbeit begann, bekam ich Bilder respektive die Abhandlung einer Situation. Dieser Kurzfilm hatte aber mit dem Klienten nichts zu tun. In diesem Fall war es so, dass der Klient nie eine glückliche Zufriedenheit in Zweisamkeit durchlebt hatte. Es bestand dadurch ein grosses Manko. Die Bilder, die ich dann bekam, zeigten zwei kleine Kinder, die sehr glücklich und zufrieden miteinander spielten. Das Gefühl von Glückseligkeit, von Zufriedenheit war von diesem Klienten als Kind, als Einzelgänger zu wenig erlebt worden, was zur Folge hatte, dass er später im Leben alles viel zu ernst nahm. Diese Gefühle, Emotionen waren beim Vater des Klienten, der ein sehr schwieriges Leben gehabt hatte, abhandengekommen. Dadurch, dass ich diese Bilder für den Klienten durchlebt habe, bekommt er die dazugehörenden Gefühle und Emotionen mit. Das

Manko an Zweisamkeit und Glückseligkeit wird so über meine Arbeit kompensiert. Die Gefühle, diese Emotionen, die nichts anderes als Schwingungen sind, werden dann im Laufe der Zeit in der Wirbelsäulen-Seele des Klienten wieder aktiviert - dies dauert zwei bis sieben Wochen.

In der erwähnten Sitzung kamen etwa hundert solcher Kurzgeschichten vor. Wenn du dir vorstellst, dass alleine das Erzählen eines solchen Kurzfilms zwei Minuten gedauert hätte, ergäbe dies für hundert Geschichten zweihundert Minuten, sprich über drei Stunden Arbeit! Da aber in dieser Zeit die Geschichten nur sehr knapp erzählt und dabei die Gefühle und die Emotionen kaum erwähnt beziehungsweise beschrieben werden könnten, würde es wohl eine Zeit von über hundert Stunden in Anspruch nehmen, um die Geschichten ausführlich und vollständig zu erzählen.

Das Durchleben dieser hundert Geschichten samt Gefühlen und Emotionen dauerte lediglich ein paar Sekunden oder Minuten! Das Grundgefühl einer Geschichte bekomme ich jeweils zugespielt und übertrage es, verstärkt durch meine Hände, in wenigen Sekunden.

Ja, liebe Leserin, lieber Leser, all das geschieht, weil ich mich eben im Aussen, im Sieben-Platten-Universum bewege. Durch dieses Im-Aussen-Leben, dieses Durchleben, habe ich die Möglichkeit, in wenigen

Sekunden oder Minuten Hunderte von Blockaden zu lösen. Das Auflösen der Blockaden entscheidet oft auch über Leben oder Tod, über einen guten und schnellen Heilungsverlauf einer schweren Krankheit.

Wenn ich jeweils einen Klienten verabschiede, weiss ich Minuten später nicht mehr, was ich getan habe.

Du siehst, liebe Leserin, lieber Leser, diese Hochbegabung ist eine sehr komplexe Angelegenheit und dennoch eigentlich ganz einfach.

Du fragst dich jetzt sicher: Warum haben dann die Hochbegabten dennoch teilweise so grosse Probleme? Wenn sie doch alle Informationen auch zum Thema Glücklichsein abfragen könnten, sich das Glück herbeidenken könnten? Ja, das fragst du mit Recht, doch mehr darüber in einem der nächsten Kapitel.

Wenn durch uns gelebt werden will

Ich komme soeben von einem wunderbaren Konzert zurück. Ich geniesse das Leben, gehe gerne gut essen, ins Kino oder eben in ein wunderschönes Konzert wie heute Abend. Ja, all das erfüllt mein Leben. Ich brauche diese Ausgleiche, um wirklich fest im Leben zu stehen, den Puls des Abenteuers Leben zu spüren.

Doch heute war ich müde, wollte gleich ins Bett. Als ich mir die Bettdecke über die Ohren ziehen wollte, hiess es: Steh auf, setz dich hin und schreibe. Und so sitze ich hier, wieder hellwach. Ja, siehst du, so entsteht Zeit, unter der Bettdecke hervorgeschossen, zum Schreiben. Dann, wenn ich nicht damit rechne, packt es mich, dann kann ich zwei, drei, sechs Stunden über ein Thema schreiben, das mir gerade auf der Zunge brennt respektive in den Fingern hängt. Genau dieses Thema, «man will durch uns leben», beschäftigt mich seit wenigen Minuten; nun sitze ich hier und lasse die Finger über der Tastatur kreisen.

Man will durch uns leben. Das ist ein grosses Thema um uns herum. Viele Eltern wollen in die Hochbegabung ihres Kindes ihr eigenes Leben mit einbringen und, wenn es geht, sich auch mit ins Rampenlicht stellen. Aber auch wenn wir grösser, später erwachsen sind, geschieht es oft, dass Ehe- oder Lebenspartner durch uns leben möchten. Glaub mir, ich kann manches Lied davon singen. Genau aus diesem Grunde schreibe ich gerade heute diese Zeilen.

Dieses Phänomen tritt aber auch auf, ohne dass wir es selbst bemerken. Wieso wollen Eltern durch uns leben, erleben? Die Eltern hochbegabter Kinder tragen meist deren Gaben schon mehr oder weniger ausgeprägt in sich. Doch sie konnten sie nicht oder nicht alle leben, weil sie sich selbst noch blockierten. Krieg, Nachkriegszeit, alte Muster und was auch immer liessen unsere Eltern oft auf ihren ungelebten Fähigkeiten sitzen. Das ist auch ein Grund, weshalb es heisst, dass es die Hochbegabten und Indigo-Kinder erst seit den 80er-Jahren gäbe. Nein, wie bereits erwähnt gab es uns schon früher, doch lassen sich immer weniger Kinder von der Vergangenheit ihrer Eltern und Grosseltern blockieren. Wir schwingen eben auch höher als unsere Eltern, und das gibt uns eine grössere Eigendynamik.

Dadurch, dass wir mehr Eigeninitiative entwickeln, als es unsere Eltern teilweise taten, zieht es sie mit in den Bann unseres Lebens. Sie wollen mitschwingen und möchten durch ihr hochbegabtes Kind, das halt eben besonders ist, ihr nicht gelebtes Leben nachholen. Die Folge ist, dass sich die Eltern viel wichtiger nehmen, als sie sind. Sie möchten genauso Erfolg haben respektive genau so im Rampenlicht stehen – neben ihrem Kind. Sie wollen auf unserem Buckel, auf unseren Schwingungen mitreiten, doch das geht eben nicht. Aussagen wie «Wir haben eben ein hochbegabtes Kind, wir müssen unser Kind doch fördern, sonst geht die grosse Begabung verloren – ich war ja schon sehr begabt, aber unser Kind ist ein Genie» lassen mich frieren, ja sie widern mich richtiggehend an.

Das ist genau das Gegenteil von dem, was wir selbst wollen. Wir wollen einfach nur so genommen werden, wie wir sind. Sicher brauchen wir, wie schon erwähnt, manchmal Leitplanken, aber bitte keine Übereltern, die uns pushen bis zum Gehtnichtmehr. Wie oft wird dabei doch vergessen, dass wir trotz aller Hochbegabung viel, viel Liebe brauchen! Und die, liebe Eltern, gebt ihr eurem Kind nicht, wenn ihr nur fordert.

Sorry, liebe Eltern, wenn ich euch jetzt mit diesen Worten eventuell etwas in den Arsch getreten oder euch verletzt habe. Meine Ausdrucksweise ist vielleicht nicht euer gewünschter Ton, aber genau so fühlen wir uns eben manchmal. Das ist meine persönliche Erfahrung. Aber es kann auch anders gehen. Und das erlebte ich eben heute Abend in diesem Konzert. Ein junger, 11-jähriger Hochbegabter, der bereits an der Universität Wien Musik studiert, durfte mit dem Wiener Opernball-Orchester auftreten. Er durfte im Feuerfest von Josef Strauss den Amboss schlagen. Und später, beim Vogelhändler von Carl Zeller, noch die Vogelstimmen imitieren. Das Konzert erhielt durch ihn eine richtig erfrischende Note. Es war so schön zu sehen, wie er voller Lebensfreude und Stolz, mittun zu dürfen, fast zerplatzte. Noch mehr Freude versprühte er, als er bei der Zugabe, dem Radetzky-Marsch von Johann Strauss, an der Trommel Platz nehmen durfte. Er wirbelte regelrecht Lebenslust in den Saal hinaus. Beim anschliessenden Applaus durften die beiden Solisten und der Dirigent Andreas Spörri wunderschöne weisse Rosensträusse entgegennehmen. Nur er, der kleine Wirbelwind, stand ohne da. Der Dirigent bemerkte es, teilte seinen Strauss und gab dem Jungen eine Hälfte. Für mich war das an diesem Abend neben den wunderbaren Klängen, die ich hören durfte, eine ebenso wunderbare Geste dem Jungen gegenüber. So sollte es sein, einfach ehrlich und von Herzen.

Einmal kam ein Vater mit seinem «Wunderkind» zu mir. Ich wusste nicht, warum er kam. Ich spürte in der Sitzung, dass der Junge durch seine starke Sensitivität sehr grosse Lebensangst von seinem Vater übernahm. Nach der Sitzung nahm ich den Vater ins Gebet: «Bitte nehmen Sie endlich Ihr Leben selbst in die Hand. Es geht hier nicht um den Jungen, sondern um Sie. Der Junge ist nur ein Spiegel von Ihnen. Hören Sie auf mit diesen hunderttausend Theorien und Wahrheiten aus den vielen Büchern, die Sie lesen. Sie wenden sich nur von Ihrem eigenen Selbst ab, weil Sie den Mut nicht haben, Ihre Fähigkeiten zu leben.» Nach der Sitzung fragte ich meine Assistentin, warum der Vater mit seinem Sohn überhaupt gekommen sei. Sie bestätigte mir, dass der Vater von einem Medium zum anderen eile, um die Fähigkeiten seines Sohnes zu fördern. Da wusste ich, dass ich ins Schwarze getroffen hatte, dass er seinen Sohn vorschiebt, um von seinem eigenen Leben abzulenken, es nicht leben zu müssen. Bei der zweiten Sitzung sagte ich vor dem Jungen zum Vater: «Nehmen Sie bitte Ihren Sohn, wie er ist. Gehen Sie nicht jeder Aussage, die er macht, in irgendeinem Buch nach. Nehmen Sie ihn wie eine erwachsene Person an und leben Sie ihm das Leben vor in Verantwortung für sich selbst.» Kurze Zeit später lernte ich die Mutter, die Ex-Frau des Klienten, kennen, die an vielem schuld sein soll und seinen Sohn nicht verstehen könne. Ja, sie las bestimmt nicht so viele Bücher über Indigokinder und dergleichen wie der Vater ihres Kindes, aber sie nahm ihren Sohn in seinem Sosein an, auch wenn es ihr manchmal sehr schwerfiel.

Als ich anfing, mich als kleines Kind auszuleben, war ich das schwarze Schaf in der Familie. Niemand wollte, konnte mich verstehen. Sicher habe ich meine Eltern manchmal bis zur Weissglut getrieben, weil ich rebellierte und nie den Mund halten konnte, weil ich einfach mit vielem nicht einverstanden war. Man nahm mich nicht ernst, weil ich noch klein war. Wuchs mein Manko an Liebe zu sehr an, wurde ich krank, denn dann bekam ich wieder Zuneigung und Liebe. Ich wäre froh gewesen, hätte es andere Wege gegeben. Und als ich dann gross wurde, in die Berufslehre kam, konnte man stolz auf mich sein, weil ich rundum gelobt wurde. Erst da wurde ich wirklich erkannt. Später, als sehr junger Unternehmer, der sehr schnell erfolgreich war, ja, da konnte man richtig stolz auf mich sein. Aber die verlorene Liebe bekam ich nie mehr, oder doch? Ich fand einen Weg, wenn auch einen schwierigen und harten: Ich durfte sie im Nachhinein in Form von mir selbst geschenkter Eigenliebe empfinden. Und darauf bin ich heute sehr stolz.

Ach ja, und dann werden wir erwachsen, und da geschieht oft nochmals das Gleiche. Man lernt einen tollen Partner kennen, verliebt sich. Der Partner lernt es sehr zu schätzen, dass wir anders sind. Unsere Partner bewundern uns. Sie finden es toll, viele Dinge zu erleben, die ein normaler Mensch nicht immer erlebt. Wir haben irgendeine Hochbegabung und werden deswegen bewundert. Wir wollen das jedoch gar nicht. Sicher ist es wunderschön, wenn dich dein Partner bewundert, aber stellt uns bitte nie auf einen Sockel! Dorthin gehören wir definitiv nicht! Denn so ist jede Beziehung, jede Ehe im Voraus zum Scheitern verurteilt! Ich erlebte es selbst und meist sehr schmerzhaft, wenn meine Oase mehr geliebt wurde als mein Selbst, mein Herz. Da wir überhaupt nicht damit rechnen, dass es so sein könnte, bemerken wir es meist erst, wenn es schon zu spät ist.

Warum ist es so, warum geschieht das? Weil du, lieber eventueller Partner, dabei vergisst, dass du auch ein eigenes Leben hast, auch wenn es vielleicht nicht so spannend scheint. Du hast meist schnell vergessen, dass auch du ein wundervoller und spezieller Mensch bist, in den sich einmal ein Hochbegabter verliebt hat. Wir brauchen eben – auch als Erwachsene – Respekt und Liebe, Liebe zu unserem Selbst, zu unserem Herzen, nicht zu unserer Gabe. Uns ist es sehr wichtig, dass man uns nimmt, wie wir eben sind, uns einfach zuhört, auch wenn ihr uns nicht versteht. Ich hatte eigentlich nie eine Partnerin, die meine Arbeit verstand, und das war gut so. Ich liebte es, am Abend frei zu erzählen, was ich so erlebt hatte. Ich genoss es auch einfach, in ihren Armen weinen zu dürfen, wenn sich die kranke Seele eines Klienten entschlossen hatte, zu sterben. Stell dir vor, wie lange Arme meine Partnerin hätte haben müssen, wäre ich auf einem Sockel gestanden.

Zusammengefasst: Liebe Eltern, Partnerinnen und Partner oder wer auch immer, lebt bitte nie durch uns. Lebt euer eigenes Leben, auch wenn es nicht so spannend scheint. Nur so haben wir alle die grösste Gewähr, dass jeder sich in Respekt und Würde selbst liebt.

Ich habe vorhin im Internet zu den vorhergehenden Zeilen noch etwas Interessantes gelesen. Leopold Mozart erkannte schon früh das Wunderkind, das musikalische Genie in seinem Sohn, übernahm dessen Erziehung selbst – wahrlich keine alltägliche Erscheinung in jener Zeit – und setzte dessen ausserordentliche Begabung, sein Talent, in bare Münze um. Das Zur-Schau-gestellt-Werden begann für Wolfgang bereits im zarten Alter von fünf Jahren; er zog mit seinem Vater Leopold von Stadt zu Stadt, von Hof zu Hof. Selbst der gerade 14 Jahre alte Goethe hörte den siebenjährigen Mozart in Frankfurt musizieren.

Mozarts Reisen mit dem Vater waren mühsam und kräfteraubend. Den Strapazen zum Trotz bewahrte sich der junge Musiker seine schöpferischen Kräfte; er liess sich weder auslaugen noch vom Ruhm vergiften und verabschiedete sich vom schützenden, ihm ein Einkommen sichernden Pfad des Vaters, um seinen eigenen, materiell unsicheren Weg zu gehen. Damit begann der eigentliche Höhenflug des Mannes, der seine Lebenszeit dazu verwendete, seiner Musik einen überirdischen Klang zu verleihen.

Gespaltene Persönlichkeiten, Egozentriker

Liebe Leserin, lieber Leser, Hochbegabte haben sehr oft eine ausgeprägt gespaltene Persönlichkeit. Warum? Weil sie, wie vorhin beschrieben, ins Aussen gehen, wenn sie ihre hochbegabte Intelligenz einsetzen. Ein Beispiel: Ich hörte vorhin im Radio den einleitenden Text zu einer Komposition von Gustav Mahler, der von 1860–1911 lebte. Es wurde beschrieben, dass Mahler während der Arbeit an dieser Komposition, seiner Sinfonie Nr. 7, sehr glücklich gewesen sei, aber dennoch ein völlig unausgeglichenes Werk geschrieben habe, bei dem er oft zwischen Dur und Moll hin und her wechselte, was dazu führte, dass die Musik teilweise sehr melancholisch daherkommt. Man rätselte, weshalb die Musik nicht seinem Leben glich. Der Grund ist der, dass er eben im Aussen komponierte – er begab sich in die Natur, in eine andere Welt, und schrieb seine Musik so unterschiedlich wie die Natur. So stimmte die Musik nicht mit seinem Leben überein.

Ein anderes Beispiel ist Albert Einstein: Er war bezüglich Persönlichkeit sehr extrem, ja, er war ein grosser Egozentriker. Die Lehren und Theorien, die er verbreitete, stimmten nicht immer mit seinem persönlichen Tun überein. Albert Einstein war nämlich keineswegs der gutmütige ältere Herr, den wir jeweils vor Augen haben, wenn sein Name fällt.

Einstein war zwar überdurchschnittlich intelligent, doch hatte er ein Leben lang Probleme mit den Frauen. Nicht nur, dass er grundsätzlich gegen die Ehe war und seine erste Frau wie ein Dienstmädchen behandelte, er hatte auch gegen diverse aussereheliche amouröse Abenteuer nichts einzuwenden.

Das hat aber auch damit zu tun, dass er sich zum Beispiel sehr lange im Aussen bewegte und so zeitweise den Kontakt zur Realität, zum irdischen Leben, völlig verlor.

Dazu kommt noch ein anderer Aspekt, den ich je länger je mehr auch an mir selbst beobachte:

Je selbstsicherer, urteils- und wertvorstellungsfreier man wird, umso mehr Verantwortung übergibt man jeder anderen Person. Ich denke für mich, nicht für die anderen. Manche erachten das als Egoismus, das ist es aber nicht. Jeder ist für sich selbst verantwortlich. Will mich eine Lebenspartnerin verlassen, ist das ihr absolutes Recht, wenn ihr Herz sich dafür entscheidet. Ich habe da nichts beizufügen, sondern lasse sie in Licht und Liebe gehen. Das ist der grösste Respekt, den ich ihr entgegenbringen kann. Du denkst jetzt sicher: Aber man soll doch für die Liebe kämpfen. Nein, Liebe ist, wenn ich diesen Menschen von Herzen gehen lasse, auch wenn es noch so schmerzt. Möchte ich für sie kämpfen, so würde ich über ihren Willen, ihren Herzenswunsch verfügen, und das steht mir nicht zu. Lasse ich einen Menschen ziehen, für den ich ebenso Liebe von Herzen war, wird er zurückkehren, aus freien Stücken, aus Liebe.

Zurück zum Egozentriker. Also, die Hochbegabung ist oft eine Gratwanderung. Viele ziehen sich häufig in die Einsamkeit zurück oder flüchten in eine Sucht. Viele verlieren den Boden unter den Füssen. Es ist wirklich ein verdammt schwieriges Unterfangen, im eigenen Selbst zu sein. Es verunsichert uns sehr oft, wenn wir schon als kleine Kinder Dinge sagen, die niemand verstehen will. Daraus kann dann auch eine Stresssituation entstehen, wenn wir gefordert werden und Dinge sagen wollen, von denen wir nicht wissen, ob sie von den Mitmenschen angenommen werden (können). Auf diese oder ähnliche Weise kann in der Schulzeit eine Prüfungsangst entstehen.

Aristoteles sagte:
«Es gibt kein grosses Genie ohne einen Schuss Verrücktheit.»

RITALIN-BOX-NEWS

Dieser Text ist sehr schwierig zu lesen.
Im Anschluss eine Fassung von Christian mit demselben Inhalt …

Nationale Ethikkommission im Bereich der Humanmedizin NEK-CNE, 15.9.2011
Über die «Verbesserung» des Menschen mit pharmakologischen Wirkstoffen

Es liegt in der Natur des Menschen, dass er sowohl seine körperlichen und geistigen Kapazitäten steigern als auch seine emotionalen und sozialen Fähigkeiten verbessern will. Manche Ethik hält ein solches Streben sogar für eine moralische Pflicht. Die Nationale Ethikkommission im Bereich der Humanmedizin (NEK-CNE) ist dagegen der Auffassung, dass es auf die **Mittel** zur «Verbesserung» und auch auf die **gesundheitlichen und sozialen Folgen** eines Konsums von vermeintlich leistungssteigernden Wirkstoffen ankommt. Nicht alle Mittel und Folgen sind vom ethischen Standpunkt aus unproblematisch. Am Beispiel pharmakologischer Wirkstoffe, welche bereits sowohl im Alltag als auch im Beruf und in Bildungseinrichtungen zur Leistungssteigerung konsumiert werden, legt die NEK-CNE ihre ethischen Überlegungen bewusst in thesenhafter Form dar und leitet daraus Empfehlungen ab. **Ziel ist, die Frage nach möglichen gesundheitlichen und ge-**

sellschaftlichen Risiken einer nicht-therapeutischen «Verbesserung» des Menschen aufzuwerfen. Dies geschieht mit der Absicht, zum einen vertiefte und langfristige ethische, medizinische, sozialwissenschaftliche, psychologische und suchtpräventive **Forschungsvorhaben anzustossen**, zum anderen **Politik und Öffentlichkeit zur erhöhten Aufmerksamkeit anzuregen.**

Es hat sich im Sprachgebrauch eingebürgert, für Veränderungen des Menschen, die nicht therapeutisch angezeigt sind, aber dennoch als eine «Verbesserung» menschlicher Fähigkeiten, Leistungen und Befindlichkeiten eingeschätzt werden, den englischen Ausdruck Enhancement zu übernehmen.

(Christian: Erklärung von Enhancement: Einsatz eines Medikamentes wie Ritalin, mit dem Ziel, dass damit eine Veränderung, unter Umständen eine Verbesserung, resultiert.)

Enhancement kann dabei nicht nur eine Leistungssteigerung oder Verhaltensänderung sein, welche die betroffene Person als einen Gewinn an Lebensqualität empfindet, sondern auch eine, die auch von ihrem Umfeld, zum Beispiel in der Schule und am Arbeitsplatz, eventuell sogar in der Familie und Partnerschaft, erwünscht ist. Ein vermehrter Konsum von pharmakologischen Wirkstoffen ist unter diesen Bedingungen zu erwarten, obwohl zur Zeit (noch) eine allgemeine Zurückhaltung der Schweizer Bevölkerung gegenüber Enhancement zu beobachten ist. Dies könnte sich mit steigendem Verbrauch und damit einhergehend der vermehrten Anwendung solcher Wirkstoffe, aber auch im Fall der Entdeckung neuer, nebenwirkungsärmerer oder -freier Substanzen ändern. Ein wesentlicher Ausgangspunkt der ethischen Überlegungen der NEK-CNE ist, Enhancement nicht für eine «reine Privatsache» zu halten. Damit weicht sie von der Ansicht ab, Enhancement dann für ethisch unbedenklich zu erachten, wenn sich mündige Erwachsene freiwillig zur Einnahme von Pharmaka ohne medizinische Indikation entscheiden, sowie über deren Wirkungen und gesundheitsschädlichen Nebenwirkungen nicht getäuscht werden. Nach dieser Ansicht muss weder eine explizite Aufklärung über mögliche Nebenwirkungen stattfinden, z.B. durch einen Beipackzettel, noch die Nicht-Schädlichkeit des Produktes gewährleistet sein. Analog zum erhöhten Alkoholgenuss stehe es dem einzelnen Menschen frei, sich selbst zu schaden und sich bei Bedarf über die Wirkungsweisen eines Stoffes in Eigeninitiative und Eigenverantwortung kundig zu machen. **Diese Freiheit sogar zum selbstschädigenden Verhalten wird auch von der NEK-CNE nicht grundsätzlich abgelehnt.** Trotzdem greift für die NEK-CNE die dargestellte Position im Fall von Enhancement zu kurz.

Menschenbild und Medizin im Wandel

Zwei Argumente sprechen gegen die skizzierte Ansicht: Erstens bezweifelt die Kommission, dass das Bild eines rationalen Individuums, das frei von sozialen Einflüssen, Erwartungen und Beziehungen entscheidet und dann gemäss seinem Wissen und seinen Interessen handelt, realistisch ist. Zweitens blendet die Position, da sie sich allein auf das Handeln des einzelnen Individuums konzentriert, das gesellschaftliche Umfeld aus, in dem Enhancement erwartet wird oder schon stattfindet. Die gesellschaftlichen Folgen sind jedoch Aspekte, die nach Ansicht der NEK-CNE in die ethische Bewertung von Enhancement mit einfliessen müssen. Wenn sich die Erwartungen über die menschliche Leistungsfähigkeit ändern und erwartet wird, dass der Mensch pharmakologische Mittel zur Leistungssteigerung einnimmt, ändert sich damit in einer Gesellschaft auch das Menschenbild. Zudem hat diese Entwicklung tiefgreifende Auswirkungen auf das Berufsbild der Ärzteschaft, denn es werden leistungssteigernde Substanzen nachgefragt, die verschreibungspflichtig sind. Wenn die Verschreibung jedoch nicht mehr therapeutischen Massstäben folgt oder die Indikationen ständig ausgeweitet werden, dann entwickelt sich die ärztliche Tätigkeit in Richtung einer wunscherfüllenden Medizin, und das ärztliche Ethos erfährt einen bedenklichen Wandel.

Die Ärzteschaft sollte sich bewusst sein, dass sie in Folge ihrer Arbeit, ihrer Autorität und ihres Ansehens in der Gesellschaft deren Werte und Massstäbe beeinflusst. Zudem wird durch Enhancement der Wettbewerb in Gesellschaft mit Mitteln fortgesetzt, die ursprünglich der kurativen Medizin vorbehalten waren.

Gesundheitsrisiken und Persönlichkeitsentwicklung

Dass die Einnahme von pharmakologischen Mitteln das persönliche Wohlbefinden steigern kann, wie einige Erfahrungsberichte bestätigen, könnte als Gewinn gesehen werden. Allerdings ist die tatsächliche Steigerung der eigenen Leistungsfähigkeit nur vorübergehend und wird oft überschätzt. Zudem kann nach heutigem Stand eine kognitive Fähigkeit (z.B. Kapazitäten des Kurzzeitgedächnisses) nur auf Kosten anderer kognitiver oder emotionaler Fähigkeiten (z.B. assoziatives Denkvermögen, Tiefgründigkeit, Frustrationstoleranz) maximiert werden. Es ist häufig nicht auszuschliessen, dass ein Konsum ebenfalls zu unerwünschten Nebenwirkungen oder unter Umständen sogar zur psychischen oder physischen Abhängigkeit, also Sucht führen kann. Andere Formen, seine Persönlichkeit zu entwickeln und seine Lebensqualität zu verbessern, gehen aus dem Blickfeld verloren. Training, Selbsterziehung, Meditation usw. sind zwar zeitaufwendig, gleichwohl effektiv und beim richtigen Mass sogar gesundheitsförderlich.

Gesellschaftliche Risiken

Ein verbreiteter Konsum schafft nicht nur persönliche Gesundheitsrisiken, sondern verändert auch die Erwartungen der Gesellschaft an das zu erbringende Leistungsniveau. Zum Beispiel nehmen die Belastungen am Arbeitsplatz zu, und damit steigt die **Gefahr psychischer Erkrankungen.** Wenn erhöhte Anforderungen medikamentös bewältigt werden, anstatt gegebenenfalls Arbeitsstrukturen und -bedingungen anzupassen, entspräche dies einer Logik von gesellschaftlich anerkanntem Enhancement und würde diejenigen unter Druck setzen, die sich dem Konsum leistungssteigernder Produkte verweigern. **Die Freiwilligkeit von Enhancement wäre damit eingeschränkt.** Dass diese Befürchtungen berechtigt sind, zeigen Umfragen: Nicht um Spitzenleistungen zu erzielen, sondern um «mithalten zu können» und den «Stress zu bewältigen», wird Enhancement betrieben. Benachteiligt werden auch diejenigen, bei denen die Wirkstoffe wenig oder keinen Effekt zeigen. Derartigen Befürchtungen könnte man entgegenhalten, dass sich Enhancement auch einsetzen lässt, um natürliche Unterschiede in Begabung und Leistungsfähigkeit auszugleichen, mithin die Chancengleichheit in der Gesellschaft zu fördern. Deshalb sollte Enhancement vor allem den «Bedürftigen» zugänglich gemacht werden.

Die NEK-CNE überzeugt diese Argumentation aus folgenden Überlegungen nicht: Wenn der Uniformitätsdruck in einem Mass steigt, dass eine andersartige Begabung oder auch als eine Behinderung als «Eigenverschulden» angesehen werden, weil man doch dagegen ein Mittel einnehmen sollte, dann ginge dies auch mit einem Verlust an Gerechtigkeit einher.

Kollektive Prävention und Gesundheitspolitik

Die Antwort auf die Frage, welche gesundheitspolitischen Strategien legitim sind oder aber in die Persönlichkeitsrechte eingreifen, hängt von kulturellen und historischen

Prägungen ab. So wäre es durchaus denkbar, dass unter der Flagge «Prävention und Gesundheitsförderung» (vormalige) Enhancement-Methoden in die Gesundheitspolitik aufgenommen würden. Es darf aber nicht nur eine Frage der Sprachregelung sein, ob beispielsweise diagnostische Methoden (z.B. bei der Schwangerschaftsvorsorge) oder die Anreicherung von Grundnahrungsmitteln mit Zusatzstoffen (z.B. Jod) eine Form von Enhancement oder eine Massnahme im Sinne einer kollektiven Prävention sind. Dieser Unterschied ist jedoch grundlegend. Während präventive Massnahmen Krankheiten verhindern sollen und daher staatlich empfohlen und solidarisch finanziert werden, erfährt Enhancement nach Ansicht der NEK-CNE zu Recht keine derartige Unterstützung.

Die NEK-CNE rät zur Wachsamkeit, dass ein mögliches Verschieben der Grenze zwischen den Bereichen Enhancement und Prävention medizinisch sinnvoll erfolge und aus der Sicht der Gesamtgesellschaft vertretbar sei und nicht etwa von kommerziellen Interessen angetrieben werde.

Enhancement bei Kindern

Besondere Aufmerksamkeit verdient das Enhancement bei Kindern. Hier ist eine steigende Tendenz zu pharmakologischen Eingriffen zu beobachten, die noch nicht (voll) urteilsfähige Personen betreffen, über die Erwachsene, in der Regel die Eltern, auch in gesundheitlichen Belangen entscheiden dürfen. Diese Tendenz erfährt durch die Motivation der Eltern, nur «das Beste» für ihr Kind zu wollen und sicherzustellen, zusätzlich Auftrieb. Dabei wird oft **«das Beste»** mit Blick auf das zukünftige Leben in der Gesellschaft definiert: Die Eltern wünschen in der Regel, dass das Kind im Wettbewerb um Ausbildung und Arbeitsplatz gut bestehe, indem vor allem seine kognitiven, aber auch emotionalen und sozialen Fähigkeiten verbessert und seine «Stressresistenz» gesteigert werden. Dieser Wettbewerb beginnt bereits sehr früh, verstärkt beim Schuleintritt. Bekanntlich zeigen Psychopharmaka auch bei gesunden Kindern Wirkung. Entsprechend gross ist der Anreiz für die Eltern, solche Mittel einzusetzen, um die Aufmerksamkeit und Konzentration des Kindes zu fördern und es damit konkurrenzfähiger zu machen. Eine derartige «Optimierung» der kindlichen Fähigkeiten geschieht ohne Zeitaufwand und auch unbemerkt, so dass sich die Eltern kritischen Bemerkungen nicht stellen müssen.

Nach Angaben des US President's Council on Bioethics stimmt der Einsatz von Psychopharmaka wie Ritalin® und Concerta® nicht mit der Anzahl der gestellten Diagnosen und Therapieindikationen überein, und es ist eine Tendenz hinsichtlich des Geschlechts (Knaben), des Alters (jüngere Kinder) und der Region (Stadt) festzustellen.

Eine solche Tendenz ist neben sprachregionalen Unterschieden auch in der Schweiz zu beobachten. Der Verbrauch an Ritalin® in der Schweiz ist zudem zwischen 1996 und 2000 von 13,7 kg auf 69 kg markant gestiegen, vor allem in der Altersgruppe der 5- bis 14-jährigen. Die durchschnittliche Dosierung wurde innerhalb dieser vier Jahre um ca. 10% erhöht. Leider liegt trotz zahlreicher parlamentarischer Vorstösse kein differenzierter, repräsentativer Bericht aktuelleren Datums zur gesamtschweizerischen Verschreibungspraxis und zum Verbrauch von Psychopharmaka bei Kindern vor. **Ein solcher Bericht wäre jedoch aufschlussreich, um auch die Ursachen klären zu können, warum z.B. Methylphenidat, unter anderem bekannt als Ritalin®, das seit über 55 Jahren in der Schweiz in Gebrauch ist, in den letzten 15 Jahren so viel häufiger zum Einsatz gekommen ist.**

Aus ethischer Perspektive ist die Tatsache von Belang, dass die Diagnose beispielsweise eines Aufmerksamkeitsdefizitsyndroms, eines oppositionellen Trotzverhaltens oder einer Angststörung eine fachliche Herausforderung darstellt, weil die Abgrenzung zwischen normalen und krankhaften kindlichen Verhaltensweisen schwierig zu ziehen ist. Ebenfalls ist anzunehmen, dass durch den Anstieg des Verbrauchs von Psychopharmaka sich auch die Standards verschieben bzw. verschoben haben, welche Verhaltensweisen eines Kindes oder Jugendlichen sozial verträglich und «normal» sind – oder eben als krankhaft eingestuft werden. Da die Diagnosestellung auch von solchen gesellschaftlichen Bewertungen sowie einem Interesse, dass sich Kinder im Kindergarten und in der Schule angepasst verhalten, beeinflusst ist, ist eine weitere Zunahme der Verschreibungen zu erwarten. Dieses Beispiel zeigt, dass **die Abgrenzung zwischen Enhancement und**

Therapiebedürftigkeit kulturell und historisch variabel ist – und damit auch ethischer Reflexion bedarf.

Selbstverständlich kann man gegenüber dieser Entwicklung positiv eingestellt sein, weil offenkundig wünschenswerte Eigenschaften des Kindes und damit seine soziale Integration gefördert werden. Solche Förderung wird von einigen sogar zur moralischen Pflicht erhoben.

Die NEK-CNE hat hier jedoch Bedenken. Denn durch die Einnahme von pharmakologischen Wirkstoffen zu Zwecken des Enhancement wird das Verhalten des Kindes ohne jegliche Eigenleistung verändert.

Darin liegt ein Eingriff in die Freiheit und die Persönlichkeitsrechte des Kindes. Weil pharmakologische Wirkstoffe zwar Verhaltensveränderungen verursachen, das Kind aber damit nicht lernt, wie es solche Verhaltensänderungen selbst erzielen kann, wird dem Kind eine wichtige Lernerfahrung für eigenverantwortliches Handeln vorenthalten: nämlich sein Verhalten durch eigene Entscheidungen – und nicht (allein) durch fremde Mittel – zu beeinflussen und damit Verantwortung übernehmen zu können.

In diesem Sinne wird durch Enhancement die Freiheit des Kindes empfindlich eingeschränkt und es in seiner Persönlichkeitsentwicklung gehemmt.

Der Konsum pharmakologischer Mittel kann noch weitere Auswirkungen auf den Charakter haben, weil dem Kind vermittelt wird, dass es nur mit Hilfe solcher Mittel in sozial anerkannter Weise «funktioniert». Insofern seine

Charaktereigenschaften medikamentös angepasst und von Psychopharmaka abhängig gemacht werden, hat es Folgen für seine Persönlichkeitsbildung und sein Selbstwertgefühl und könnte die Ausbildung von Mustern für Suchtverhalten begünstigen. Der Konformitätsdruck, unter dem Kinder von Seiten der Eltern und Bildungseinrichtungen stehen, erzwingt einen Standard an Normalität, der die Toleranz gegenüber Kindlichkeit abnehmen lässt. Auch könnte sich die Vielfalt von Temperamenten und Lebensweisen reduzieren und damit letztlich das Recht des Kindes auf einen offenen Lebensweg gefährdet werden.

Die NEK-CNE plädiert dafür, die Lebensverhältnisse den Interessen und Bedürfnissen der Kinder anzupassen.

Denn die Qualitäten der Kindheit, die nicht Aspekte des gesellschaftlichen Wettbewerbs und der Leistungsfähigkeit betreffen, sondern das Spielen, die Freundschaft und die erfolgsentlastete Musse ausmachen, könnten anderenfalls an Wertschätzung verlieren – und damit auch die Kindheit selbst.

Diese Stellungnahme ist in deutscher, französischer, italienischer und englischer Sprache als Download unter www.nek-cne.ch verfügbar.

Christian: Danke!!

Zusammengefasst von Christian Frautschi, dass es für alle lesbar wird.

Über die «Verbesserung» des Menschen mit pharmakologischen Wirkstoffen.
Nationale Ethikkommission im Bereich der Humanmedizin NEK-CNE.

Der Mensch will aus einem Körper, aus dem Menschen körperlich, geistig das Maximum herausholen. Er will auch die emotionellen und sozialen Fähigkeiten verbessern. Manche sehen das sogar als ihre moralische Pflicht.

Die Nationale Ethikkommission im Bereich der Humanmedizin (NEK-CNE) ist dagegen der Auffassung, dass beim Konsum von leistungssteigernden Wirkstoffen auf die Mittel zur «Verbesserung», aber auch auf die gesundheitlichen und sozialen Folgen geachtet werden muss. Nicht alle Mittel und Folgen sind vom ethischen Standpunkt aus unproblematisch.

Die Ethikkommission hinterfragt die pharmakologischen Wirkstoffe, die im Alltag, im Beruf wie auch in Bildungseinrichtungen eingesetzt werden. Ziel ist, Fragen nach möglichen gesundheitlichen und gesellschaftlichen Risiken einer nichttherapeutischen «Verbesserung» des Menschen aufzuwerfen. Diese Fragen sollen die Öffentlichkeit und die Politik zur Aufmerksamkeit und zu längerfristigem Denken anregen.

Durch die Einnahme von Medikamenten ergibt sich

nicht nur eine Leistungssteigerung oder Verhaltenssteigerung, die von der betroffenen Person als Gewinn an Lebensqualität empfunden wird. In ihrem Umfeld wie Schule, Arbeitsplatz, Familie und Partnerschaft sind solche Veränderungen erwünscht. Da wird dann der Konsum von Medikamenten sogar erwartet, obwohl bei der Schweizer Bevölkerung eine Zurückhaltung zu beobachten ist. Es gibt durch die Einnahme von Medikamenten in anderen Bereichen aber auch Verluste. Die persönliche Entwicklung zum Beispiel kann sehr darunter leiden, weil Emotionen unterdrückt werden.

Es soll aber die betroffene Person selbst abwägen können, was für sie nützlich oder schädlich ist. So wie es zum Beispiel mit dem Konsum von Alkohol der Fall ist, egal was das gesamte Umfeld darüber denkt und wünscht.

Die Kommission ist der Meinung, dass das betroffene Individuum frei von sozialen Einflüssen, Erwartungen und Beziehungen entscheiden soll, was nach seinem eigenen besten Wissen und Gewissen richtig oder falsch ist. Was sein Umfeld von ihm erwartet, soll dabei ausgeblendet werden.

Die Kommission ist der Meinung, dass die ethischen gesellschaftlichen Standpunkte mit einfliessen müssen. Sie macht darauf aufmerksam, dass die Gesellschaft das Menschenbild ändern will, wenn sie von einzelnen Individuen die Einnahme von bestimmten Medikamenten erwartet. Menschenbild und Medizin sind im Wandel, doch was steht wem zu?

Die Erwartungen der Gesellschaft verändern zudem das Berufsbild der Ärzteschaft. Pädagogen, Eltern, Arbeitgeber etc. fordern leistungssteigernde Medikamente, die verschreibungspflichtig sind. Die therapeutischen Massstäbe werden ständig angepasst, und die Mengen erhöhen sich, wie die Zahlen der letzten zehn Jahre eindeutig aufzeigen. Die ärztliche Tätigkeit verändert sich dadurch in eine wunscherfüllende Medizin, und das ärztliche Ethos erfährt einen bedenklichen Wandel.

Die Ärzteschaft sollte sich bewusst sein, dass sie in Folge ihrer Arbeit, ihrer Autorität und ihres Ansehens in der Gesellschaft deren Werte und Massstäbe beeinflusst.

Einzelne aus der Gesellschaft wollen sich durch die Einnahme von Medikamenten auch einen wettbewerblichen Vorteil verschaffen, der ohne Medizin nicht zu haben wäre.

Gesundheitsrisiken und Persönlichkeitsentwicklung

Dass die Einnahme von pharmakologischen Mitteln das persönliche Wohlbefinden steigern kann, wie einige Erfahrungsberichte bestätigen, könnte als Gewinn gesehen werden. Allerdings ist die tatsächliche Steigerung der eigenen Leistungsfähigkeit nur vorübergehend und wird oft überschätzt.

Es muss berücksichtigt werden, dass die Einnahme von Medikamenten wohl die Wahrnehmung, das Lernen, das Erinnern und Denken verbessern kann (z.B. die Kapazitäten des Kurzzeitgedächtnisses). Dies geht aber nur auf Kosten von anderen Fähigkeiten wie z. B. dem assoziativen Denkvermögen, der Tiefgründigkeit, der Frustrationstoleranz. Es ist häufig nicht auszuschliessen, dass ein Konsum ebenfalls zu unerwünschten Nebenwirkungen oder unter Umständen sogar zur psychischen oder physischen Abhängigkeit, also Sucht führen kann. Andere Möglichkeiten, seine Persönlichkeit zu entwickeln und seine Lebensqualität zu verbessern, verschwinden aus dem Blickfeld. Training, Selbsterziehung, Meditation usw. sind zwar zeitaufwendig, aber gleichwohl effektiv und in einem richtigen Mass sogar gesundheitsfördernd.

Gesellschaftliche Risiken

Ein verbreiteter Konsum schafft nicht nur persönliche Gesundheitsrisiken, sondern verändert auch die Erwartungen der Gesellschaft an das zu erbringende Leistungsniveau. Zum Beispiel nehmen die Belastungen in der Schule oder am Arbeitsplatz zu, und damit steigt die **Gefahr psychischer Erkrankungen.** Wenn erhöhte Anforderungen medikamentös bewältigt werden, anstatt gegebenenfalls Arbeitsstrukturen und -bedingungen anzupassen, setzt es diejenigen unter Druck, die sich dem Konsum leistungssteigernder Produkte verweigern. Leistungssteigernde Medikamente würden so gesellschaftlich anerkannt, die Freiwilligkeit würde dadurch massiv leiden.

Dass diese Befürchtungen berechtigt sind, zeigen Umfragen: Nicht um Spitzenleistungen zu erzielen, sondern um «mithalten zu können» und den «Stress zu bewältigen», werden leistungssteigernde Medikamente eingenommen. Benachteiligt werden auch diejenigen, bei denen die Wirkstoffe wenig oder keinen Effekt zeigen. Derartigen Befürchtungen könnte man entgegenhalten, dass sich leistungssteigernde Medikamente auch einsetzen lassen, um natürliche Unterschiede in Begabung und Fähigkeiten auszugleichen und somit die Chancengleichheit in der Gesellschaft zu fördern. Diese Argumentation jedoch überzeugt die Kommission nicht: «Es ist ein Verlust der Gerechtigkeit». Deshalb sollten leistungssteigernde Medikamente vor allem den «echten Bedürftigen» zugänglich gemacht werden.

Die Kommission rät zur Wachsamkeit. Der Einsatz von leistungssteigernden Medikamenten soll gesamtgesellschaftlich vertretbar sein und nicht etwa von kommerziellen Interessen angetrieben werden.

Medikamente bei Kindern

Besondere Aufmerksamkeit verdient der Einsatz von Medikamenten bei Kindern. Hier ist eine steigende Tendenz zu pharmakologischen Eingriffen zu beobachten, die noch nicht (voll) urteilsfähige Personen betreffen, über die Erwachsene, in der Regel die Eltern, auch in gesundheitlichen Belangen entscheiden dürfen. Diese Tendenz erfährt durch die Motivation der Eltern, nur «das Beste» für ihr Kind zu wollen und sicherzustellen, zusätzlich Auftrieb. Dabei wird oft «das Beste» mit Blick auf das zukünftige

Leben in der Gesellschaft definiert: Die Eltern wünschen in der Regel, dass das Kind im Wettbewerb um Ausbildung und Arbeitsplatz gut bestehe, indem vor allem seine kognitiven Fähigkeiten (Lernen, Erinnern und Denken), aber auch seine emotionalen und sozialen Fähigkeiten verbessert und seine «Stressresistenz» gesteigert werden.

Dieser Wettbewerb beginnt bereits sehr früh, verstärkt beim Schuleintritt. Bekanntlich zeigen Psychopharmaka auch bei gesunden Kindern Wirkung. Entsprechend gross ist der Anreiz für die Eltern, solche Mittel einzusetzen, um die Aufmerksamkeit und Konzentration des Kindes zu fördern und es damit konkurrenzfähiger zu machen. Eine derartige «Optimierung» der kindlichen Fähigkeiten geschieht ohne Zeitaufwand und auch unbemerkt, so dass sich die Eltern kritischen Bemerkungen nicht stellen müssen.

Nach Angaben des US President's Council on Bioethics stimmt der Einsatz von Psychopharmaka wie Ritalin und Concerta nicht mit der Anzahl der gestellten Diagnosen und Therapieindikationen überein, und es ist eine Tendenz festzustellen, dass diese Medikamente häufiger an Knaben als an Mädchen abgegeben werden, häufiger an jüngere Kinder als an ältere und ausserdem häufiger in Städten als auf dem Land.

Eine solche Tendenz ist neben sprachregionalen Unterschieden auch in der Schweiz zu beobachten. Der Verbrauch an Ritalin in der Schweiz ist zudem zwischen 1996 und 2000 von 13,7 kg auf 69 kg markant gestiegen, vor allem in der Altersgruppe der 5- bis 14-Jährigen. Die durchschnittliche Dosierung wurde innerhalb dieser vier Jahre um ca. 10% erhöht. Leider liegt trotz zahlreicher parlamentarischer Vorstösse kein differenzierter, repräsentativer Bericht aktuelleren Datums zur gesamtschweizerischen Verschreibungspraxis und zum Verbrauch von Psychopharmaka bei Kindern vor.

Ein solcher Bericht wäre jedoch aufschlussreich, um auch die Ursachen klären zu können, warum z. B. Methylphenidat, unter anderem bekannt als Ritalin, das seit über 55 Jahren in der Schweiz in Gebrauch ist, in den letzten 15 Jahren so viel häufiger zum Einsatz gekommen ist.

Aus ethischer Perspektive ist die Tatsache ausser Acht zu lassen, dass die Diagnose beispielsweise eines Aufmerksamkeitsdefizitsyndroms, eines oppositionellen Trotzverhaltens oder einer Angststörung eine fachliche Herausforderung darstellt. Die Abgrenzung zwischen normalen und krankhaften kindlichen Verhaltensweisen ist sehr schwierig zu ziehen. Ebenfalls ist anzunehmen, dass durch den Anstieg des Verbrauchs von Psychopharmaka sich auch die Standards verschieben bzw. verschoben haben. Die Grenzen in Bezug auf die Frage, welche Verhaltensweisen eines Kindes oder Jugendlichen sozial verträglich und «normal» sind oder eben als krankhaft eingestuft werden, haben sich deutlich verlagert.

Da die Diagnosestellung auch von gesellschaftlichen Bewertungen beeinflusst wird, ist eine weitere Zunahme der Verschreibungen von Psychopharmaka wie Ritalin und Concerta zu erwarten. Die Kinder im Kindergarten und in der Schule müssen sich angepasst verhalten. Dieses Beispiel zeigt, dass die Abgrenzung zwischen medikamentöser Behandlung und Therapiebedürftigkeit kulturell und historisch variabel ist – und damit ist auch ethisches Hinterfragen berechtigt. Selbstverständlich kann man gegenüber dieser Entwicklung positiv eingestellt sein, weil offenkundig wünschenswerte Eigenschaften des Kindes und damit seine soziale Integration gefördert werden. Eine solche Förderung wird von einigen sogar zur moralischen Pflicht erhoben.

Die Nationale Ethikkommission hat hier jedoch Bedenken. Denn durch die Einnahme von pharmakologischen Wirkstoffen zum Zweck der Veränderung oder Besserung z. B. der Konzentrationsfähigkeit wird das Verhalten des Kindes ohne jegliche Eigenleistung verändert.

Darin liegt ein Eingriff in die Freiheit und die Persönlichkeitsrechte des Kindes. Weil pharmakologische Wirkstoffe Verhaltensveränderungen verursachen, wird dem Kind eine sehr wichtige Lernerfahrung in Bezug auf seine Eigenverantwortung vorenthalten. Es lernt damit nicht, wie es eine solche Verhaltensveränderung selbst erzielen kann. Es wird ihm verunmöglicht, sein Verhalten durch eigene Entscheidungen – und nicht (allein) durch fremde Mittel – zu beeinflussen und damit Verantwortung übernehmen zu können.

In diesem Sinne wird durch die Einnahme von pharmakologischen Wirkstoffen die Freiheit des Kindes empfindlich eingeschränkt, und es wird in seiner Persönlichkeitsentwicklung gehemmt.

Der Konsum pharmakologischer Mittel kann noch weitere Auswirkungen auf den Charakter haben, weil dem Kind vermittelt wird, dass es nur mit Hilfe solcher Mittel in sozial anerkannter Weise «funktioniert». Wenn seine Charaktereigenschaften medikamentös angepasst und von Psychopharmaka abhängig gemacht werden, hat dies Folgen für seine Persönlichkeitsbildung und sein Selbstwertgefühl. So können Muster entstehen, die ein Suchtverhalten begünstigen. Es wird als völlig normal angesehen, dass man Psychopharmaka einnimmt. Es wird dann anderseits auch völlig normal, dass zum Beispiel Alkohol oder Drogen eingenommen werden dürfen. Der Weg in eine Sucht ist dann nicht mehr weit.

Der Druck von Seiten der Eltern und der Bildungseinrichtungen erzwingt so einen Standard an Normalität. Die Einnahme von Psychopharmaka wird für bestimmte Kinder zur Selbstverständlichkeit. Es herrscht sogar fast ein allgemeiner Gruppenzwang. Ein Kind darf nicht mehr Kind sein.

Auch könnte sich die Vielfalt von Temperamenten und Lebensweisen der Kinder reduzieren und damit letztlich ihr Recht auf einen offenen Lebensweg gefährden. Die Qualitäten der Kindheit, die nicht Aspekte des gesellschaftlichen Wettbewerbs und der Leistungsfähigkeit betreffen, gehen verloren. Das Spielen, Erfolg, unbelastete Freundschaften und einfach das unbekümmerte Sichsein bleiben auf der Strecke. Ja, damit auch die Kindheit selbst.

Die Nationale Ethikkommission im Bereich der Humanmedizin plädiert dafür, die Lebensverhältnisse den Interessen und Bedürfnissen der Kinder anzupassen.

Prüfungsangst, Denkblockaden

Wie weiter vorne beschrieben, leiden wir oft unter Prüfungsangst, Denkblockaden. Wie entsteht das? Wenn wir mit unserem extremen Denken, bei dem wir mehrheitlich die bildlich denkende, rechte Hirnhälfte benutzen, etwas nicht verstehen, entstehen im Gehirn Stresshormone. Diese wiederum stören den Fluss der Hirnströme von der rechten in die linke, strukturierte Hirnhälfte und zurück. Die Folge ist eine Denkblockade. Es läuft dann meist nichts mehr – und es kommen dann immer mehr Informationen, die nicht weitergeleitet und verarbeitet werden können.

Werden wir also schon früh in der Kindheit nicht ernst genommen, entwickeln wir immer mehr eine Angst, nicht das Richtige zu sagen und zu tun. Diese Angst provoziert die Produktion von Stresshormonen. Jetzt kannst du dir vorstellen, dass wir uns erst recht verschliessen, wenn da noch eine geballte Ladung an Informationen aus dem Aussen auf uns zu flutet. Ich erinnere mich noch gut an meine Schulzeit. Hatte ich mit meinem Denken in der Schule etwas nicht verstanden, schrieb ich die Lösung auf und suchte mir dann im Nachhinein, zu Hause oder in der Pause, den Lösungsweg anhand der Lösung. Ich dachte einfach von der Lösung her rückwärts und fand so meinen eigenen Weg … Musste ich aber meinen Weg zur Lösung erklären, zum Beispiel in einer Prüfung, kam ich in einen Erklärungsnotstand, weil ich einen anderen, nicht erklärbaren Lösungsweg gegangen war. So entstand schliesslich meine Prüfungsangst.

Um solche Prüfungsängste abzubauen respektive den Austausch zwischen den beiden Hirnhälften zu fördern, gibt es einfache Mittel: viel Fahrrad fahren, Einrad fahren, auf einem Ball oder ähnlichen Dingen balancieren – alles körperliche Tätigkeiten, bei denen mindestens drei oder mehr Sinne aktiv sind. Denn dann wird automatisch das Zusammenspiel zwischen den beiden Hirnhälften gefördert und trainiert.

Einsamkeit

Gerade heute kam eine aussergewöhnliche Persönlichkeit in meine Praxis. Sie kam wegen ihrer Wirbelsäule, ein Wirbel hatte sich in ihrem Abenteuer Leben verheddert. Ich sah sie an und spürte sofort, dass mir ein spezieller Mensch gegenübersass. Das ist und bleibt eine eigenartige Situation, ein Gegenüber anzusprechen, eine Person zu fragen, ob sie sich überhaupt bewusst ist, eine spezielle Persönlichkeit zu sein. Ich spürte, dass sie eigentlich nicht viel von ihrem Sosein wusste. Mein Gegenüber strahlte eine unheimliche Liebe aus. Sie war eine schöne, in ihrem Wesen weiche 22-jährige Frau. Sie erzählte, dass ihre Kollegin, mit der sie zusammen wohnt, sich zeitweise von ihr distanziere, was sie wiederum nicht verstehen könne. Sie dürfe sie manchmal zur Begrüssung nicht einmal umarmen.

Das Gegenüber wird von dieser selbstverständlichen Liebe, dem vielen Licht, das in und um uns herum ist, manchmal überwältigt. Unsere Gegenüber versuchen immer, das, was wir für sie tun, auszugleichen, obwohl wir das absolut nicht erwarten. Wir machen ja alles aus bedingungsloser Liebe zu einer Sache, zu einem Menschen, ohne jegliche Erwartungen. Eine ehemalige Partnerin sagte einmal zu mir: «Christian, du kannst sehr gut kochen, du kannst mir jeden Wunsch von der Nasenspitze ablesen, habe ich einen

Plattfuss am Auto, organisierst du einen Pannenhelfer. Selbst wenn du dich im Ausland aufhältst, weisst du immer und überall eine Lösung, es gibt für dich keine Probleme, nur Aufgaben, die zu lösen sind. Dann bist du zu allem noch ein sehr erfolgreicher Unternehmer, der mit nichts angefangen hat. All das überfordert mich schlichtweg. Ich kann dir auf gar keine Weise das Wasser reichen.»

Solche Aussagen schmerzen ganz enorm! Wir wollen doch überhaupt niemanden überfordern. Denn genau diese Frau, die diese Aussage machte, gab mir unendlich viel! Allein nur, indem sie da war, indem ich sie so lieben durfte, wofür es keine Worte gibt. Nur ein einziger Gedanke an sie erfüllte mein ganzes Sosein. Und sie wollte es in gleichen Stücken zurückgeben, wie ich ihr meine Liebe gab – abgesehen von den Gefühlen und Emotionen –, mit diesen kleinen Gesten wie Organisieren, Bekochen oder körperlichen und seelischen Geschenken.

Es sind Dinge, von denen viele Menschen in Partnerschaften träumen, so sagt man. Bekommen sie sie aber, sind sie überfordert. Genau da verstehen wir die Welt nicht mehr. Und so werden wir oft zu Einzelgängern.

Und an diesem Punkt hatte meine Klientin, die mir in der Praxis gegenüber sass, Tränen in den Augen, als sie erzählte, dass sie scheinbar andere überfordere und gar nicht verstehe, weshalb. Dabei trat das Gefühl einer sehr grossen Einsamkeit hervor. Ich spürte, dass sie ein starkes Bedürfnis nach Geborgenheit hatte, weil sie diese, seit sie sich auf dieser wunderschönen Erdkugel aufhält, nie bekommen hatte. Es war denn auch meine Aufgabe, diese Geborgenheit während der darauf folgenden Behandlung in ihr zu wecken, indem ich die Geborgenheit mit Licht und Liebe durch meine Hände und Gedanken in ihr aktivierte.

Während sie mir all das erzählt hatte, kamen mir sehr viele Situationen in den Sinn, in denen ich genauso gefühlt hatte. Es machte sich jeweils eine grosse Traurigkeit in mir breit. Ich lernte damit erst umzugehen, als ich vor Jahren begann, bedingungslos meinen Weg zu gehen – als ich ausser meiner Berufung absolut nichts mehr besass. Heute hole ich mir diese Geborgenheit in meinem Selbst. Ich kommuniziere fast jeden Abend vor dem Einschlafen mit meinen Kumpels aus dem Universum. Es besuchen mich auch immer wieder fremde Seelen, die sich über Nacht Heilung holen.

Heute weiss ich, dass ich nicht einsam sein muss respektive nicht einsam bin. Doch ist es immer noch nicht das Gleiche, wie wenn man die Nähe und den Herzschlag eines Partners spürt, trotz Hochbegabung. Das macht uns oft Angst beim Blick auf eine neue Partnerschaft. Es ist die Angst, zu überfordern und zurückgestossen zu werden. Dadurch entsteht die Gefahr, genau den falschen Partner auszusuchen.

Und so durfte ich die einsame, hochbegabte Seele dieser jungen Frau die erste grosse Portion Geborgenheit schnuppern lassen für ihren weiteren Weg, zu dem sie noch selbst erwähnte: «Ich habe vor Kurzem die Ausbildung als Krankenschwester abgeschlossen, aber ich weiss, dass ich diesen Beruf nicht ewig ausüben werde. Mir wurde schon oft gesagt, dass ich einmal eine Heilerin sein würde.»

Ja, und dem sei so, zu gegebener Zeit. Wenn der liebe Gott spürt, dass auch sie anderen Seelen Geborgenheit, Licht und Liebe schenken soll, wird es geschehen. Kann diese junge Indigo-Frau ihr Leben vollends annehmen, wird auch ihr Sakralgelenk (der Übergang vom Kreuzbein zum Lendenwirbel – er steht für den Übergang von den Vorfahren zum eigenen Leben) nicht mehr blockieren.

«Manchmal müssen wir unserer Welt entfliehen, weil unser Denken und Handeln nicht nur für diese Erdkugel geschaffen wurde.»

Heute bekam ich einen Anruf von einer hochbegabten Frau: «Christian, ich arbeitete mit meinem Pferd, war voll super drauf, auch das Pferd hatte unheimlich Spass. Dann klingelte das Mobil-Telefon. Ein Kollege war dran, von dem ich lange nichts mehr gehört hatte. Ich sagte ihm, dass ich ihn später zurückrufen würde. Das tat ich auch, doch ging er nicht ans Telefon.

Es stimmte mich sehr traurig, dass ich nicht verstanden worden war. Er hatte erwartet, dass ich meine Arbeit gleich unterbrechen und mich ihm widmen würde. Wieso stimmt mich das jetzt so traurig?»

Ich erklärte ihr, dass sie diese Angelegenheit einfach mal rein objektiv ansehen solle. Ich hinterfragte die Freundschaft.

Sie antwortete: «Eigentlich ist er ein Kollege, der nur immer nimmt. Ich muss ihm immer zuhören, wenn er Knatsch mit seinen Weibern hat. Habe ich aber mal ein Problem, hört er nicht zu. Es ist eigentlich alles sehr einseitig. Aber so sind fast alle meine Freundschaften. Alle wollen etwas von mir, ich gebe viel und bekomme wenig bis gar nichts zurück. Rufe ich mal jemanden an, hat niemand Zeit. Aber, Christian, wenn ich all diese Freunde respektive vermeintlichen Freunde aufgebe, habe ich fast keinen Bekanntenkreis mehr. Ja, dann stehe ich verdammt alleine da!»

Ja, das ist ein sehr bekanntes Übel der Hochbegabten. Sehr viele sind wirklich sehr einsam. Das kommt meist davon, dass wir als Kinder schon nicht verstanden wurden. Doch wir wollen eben – wie in der Kindheit – auch geliebt werden. Wir wollen auch Freunde oder Menschen um uns herum haben, die uns so nehmen, wie wir sind. Viele flüchten zum Beispiel auch aus diesem Grunde zu Tieren – weil die nicht werten wie die Menschen.

Ich erlebte das, was diese junge, erfolgreiche Frau erzählte, auch sehr oft. Auf ihre Frage «Wie kann ich das denn ändern?» gab ich folgende Antwort:

«Sei einfach dich selbst, in deinem Sosein. Kläre für dich rein sachlich ab, was deine Freunde von dir wollen. Wollen sie dich als attraktive Frau, als nicht alltägliches Wesen, nur um von dir zu nehmen und zu profitieren? Ja, dann schicke sie in die Wüste, sonst wirst du nur ausgenutzt. Wollen sie aber dich als Seele, die so ist, wie sie ist, wollen sie auch in schlechten Zeiten zu dir stehen, dann schliesse sie in deine Seele, in dein Herz ein. Sei einfach sehr, sehr konsequent mit dem Loslassen falscher Freunde. Es ist im Moment enorm schwer, doch du wirst es früher oder später sowieso tun müssen, es ist alles nur eine Frage der Zeit. Ich entliess schon oft sehr ungern Freunde aus meinem Bekanntenkreis – und in schlechten Zeiten, genau dann, wenn ich Hilfe gebraucht hätte, zeigte es sich, dass diese Vorgehensweise richtig war. Die Freunde, die dich im Herzen, in ihrer Seele haben, sind die einzigen, die dir helfen können. Ich habe nur noch sehr wenige Freunde, dafür aber solche, auf die ich zählen kann, wenn sich mein Dickschädel dazu durchringt, um Hilfe und Rat zu fragen. Ich sass manches Wochenende alleine da, doch es lohnte sich. Nur wenn du die schlechten Freunde ziehen lässt, wirst du sehen, wer die echten sind – oder du wirst erst dann auf echte stossen. Es sind meist die, von denen du nie gedacht hättest, dass sie dir helfen könnten oder würden. Meine besten Freunde kenne ich noch nicht lange, aber sie erkannten mich, und das ist ein wertvolles Geschenk.»

Zwischengedanken, ein Telefonanruf

«Christian, mein Schwiegervater liegt im Spital. Vielleicht weisst du, was er hat. Um seine...» Dann bekam ich Bilder von drei Knoten um seine Arterie auf der linken Seite – er soll einen Tumor haben, um die Arterie herum. Ja, ich sah ihn, aber ich sagte nichts. Warum nicht? Weil ich im Moment am Zögern bin, was ich überhaupt noch sagen möchte von dem, was ich sehe und spüre.

Seit meiner Kindheit habe ich Dinge gesagt, und entweder wurde ich ausgelacht oder mundtot gemacht. Ich bekomme ständig E-Mails von Menschen, die mit mir arbeiten möchten, mein Wissen erfahren möchten. Aber ich habe doch gar kein Wissen, ich habe Erfahrungen aus dem Abenteuer Leben, zu dem meine Arbeit dazugehört. Irgendwie kotzt es mich an, wenn ich etwas neu beginne, mich damit befasse, es immer anders betrachte als fast alle anderen in Menschenkörper geformten Erdbewohner. «Christian, erzähl mehr davon. Wie siehst du das…» So und ähnlich tönt es immer wieder. Aber hallo, ich bin doch nicht der einzige Mensch, der so denkt. Manchmal komme ich mir richtig ausgenutzt vor. Wieso betrachtet denn sonst niemand das Leben von einer anderen Seite, ganz unten bei der Wurzel angefangen. Ach, das kann doch um Himmels Willen nicht so schwierig sein. Ist es nicht klar, dass, wenn zum Beispiel ein Körper krank ist, wir zum Ursprung, der reinen Seele, gehen müssen, sie wieder annehmen, lieben lernen müssen? Dass dieses Gefühl schliesslich auf den Körper übergeht und er sich so selbst heilt, weil er eben auch so krank geworden ist? Wozu sind wir denn so intelligente Wesen, wenn wir unseren Grips nicht nutzen? Wir sind doch keine Insekten, die wenige Stunden nach ihrem Erdenleben den Endstand der Entwicklung erreicht haben. Wir lernen in den ersten Stunden, Tagen, Monaten, Jahren unseres Lebens so viel. Wieso sollten wir dann immer und immer stillstehen?

Nein, ich möchte nicht stillstehen, sonst soll mich vorher der Blitz erschlagen. Ich kann nicht stillstehen. Doch manchmal möchte ich aus dieser langsamen Welt flüchten, in die lichtvolle, prächtige Welt, die es auch noch gibt, mit der ich arbeite. Dennoch muss, darf ich diesem Lebensrhythmus standhalten, neben meiner Arbeit. Ich kann und will doch nicht nur einen einzigen Menschen lieben, wenn ich ebenso tief empfunden andere Seelen liebe. Ich liebe meine Kinder ebenso tief wie einen Klienten, den ich über die Wirbelsäulen-Seele berühre. Sicher möchte ich nicht mit jeder Frau, deren Wirbelsäulen-Seele ich berührt habe, ins Bett hüpfen, das ginge selbst mir zu weit. Dennoch, es gibt so viele schöne Lippen zum Küssen, Haare zum Berühren, Körper zum Spüren – nein, es ist nicht so, dass der Gentleman geniesst und schweigt, im Gegenteil, es macht mich verdammt einsam.

Viele verstehen das nicht...
Eigentlich ist alles auf dieser Welt einfach und logisch. Okay, lieber Gott, ich nehme mich so an, in Liebe, doch es ist ein Hochseilakt, so als Engel-Bengel durchs Leben zu tanzen. Ich versuche so wenig wie möglich zu erklären, wenn ich es persönlich für richtig halte. Ich werde nicht lügen, höchstens nicht die ganze Wahrheit erzählen. Vielleicht gibst du mir ja für jede Seele, die ich liebe, noch einen geklonten Körper dazu. Aber lass sie nicht erwischt werden, beim Leben...
Ich weine… irgendwie alleine und einsam. Fertig, die Zwischengedanken.

Ein anderer Spezi rief mich kürzlich an: «Christian, ich hatte ein wichtiges Meeting mit einem Klienten. Auf einmal wurde mir während des Gesprächs schwindlig. Daraufhin ging mir völlig die Energie weg. Was soll das?» Dieser Bekannte, ein absolut erfolgreicher Unternehmer und Selfmade-Millionär, wollte seinem Klienten ein gutes Geschäft vermitteln. Ich fragte ihn, worum es in diesem Gespräch gegangen war. «Wir waren in unserer Sache bereits handelseinig. Dann fragte er mich so nebenbei, ob er sich an meiner Firma beteiligen könnte.»

Ich lachte: «Ja, dann hast du gedacht, er wolle seine Macht ausüben und würde dich ausnützen?» «Wieso meinst du? Okay, er ist ein mächtiger Unternehmer, mit mehreren tausend Angestellten», erwiderte er.

«Siehst du, du hattest das Gefühl, nicht ernst genommen zu werden. Du wolltest ihm ein Geschäft vorschlagen, er erkannte in dir aber auch einen guten Unternehmer. Er suchte nur eine gute Beteiligung. In dir aber kam etwas hoch, das du als Kind erlebt hattest. Die übermächtigen Erwachsenen hatten dich mundtot gemacht, weil du immer verrückte Ideen hattest. Du hast diesen einflussreichen Unternehmer als übermächtig angesehen, das gab dir mit deinem kleinen Unternehmen das Gefühl von Ohnmacht. Du hattest Angst, ausgeliefert zu sein. Du brauchst doch heute keine Angst mehr zu haben, nicht ernst genommen zu werden, nur weil du ein kleineres Unternehmen hast als er. In dieser Situation bist du aus deinem Körper abgehauen, so wie du es als Kind jeweils getan hast. Und schon ging deine Energie weg.»

Er bejahte erstaunt: «Ja, da magst du Recht haben. Ich hatte viel zu viel Respekt vor ihm. Ich kam mir als kleiner Zwerg vor mit meinem wohl erfolgreichen, aber kleinen Unternehmen. Was kann ich ändern, damit mir so etwas nicht wieder geschieht?»

«Sei einfach dich, in deinem Sosein. Du weisst ganz genau, dass du gut bist, sonst wärst du nie so erfolgreich geworden. Es gibt niemanden auf dieser Erdkugel, der mächtiger ist als du selbst. Sieh es als besonderes Lob an! Wärst du nicht erfolgreich, würde er sich nicht an deiner Firma beteiligen wollen. Du bist also Erfolg, und wer möchte sich nicht gerne an einem Erfolg beteiligen?»

Ja, so was geschieht selbst einem erfolgreichen Unternehmer. Die Prägungen aus der Kindheit können uns noch sehr lange verfolgen. Ich erlebe es mit fast allen Hochbegabten, mich eingeschlossen. Verlassen wir – beziehungsweise verlässt unsere Seele – unseren Körper, werden wir verletzlich. Unser Unterbewusstsein, das der Seele innewohnt, will sich der Situation entziehen und das Ganze aus der Vogelperspektive beobachten. Weil wir aber dadurch nicht mehr in unserer Mitte, nicht mehr voll und ganz bei uns sind, in unserem Sosein, reagiert der Körper. Durch dieses Signal will uns der Körper eigentlich nur zeigen, dass wir wieder in uns zurückkehren sollen. Es gibt keine mächtigeren Menschen, sondern nur solche, die mehr Einfluss haben. Aber das kann und soll uns, wenn wir ehrlich handeln, egal sein.

ADLERGESCHREI

Hoch über den Bergen
Hoch in den Lüften
In seinem Königreich
An Sehkraft sehr reich
So nah der Sonne
In der Wärme voller Wonne
So nah über der Erde
Auch wenn sie bebe
Der Wind zischt um die Ohren
Die Kälte verschliesst alle Poren
Mit der Sonne verbunden
Beute am Schatten gefunden
Dem Licht so nah
Im Herzen so nah
In der Ferne nicht empfunden
In der Liebe nicht gefunden

Kreise drehen Tag für Tag
Ob die Liebe ins Herz eindringen mag
Schreie senden, hören jeden Tag
Ein Blick, der alles ersehen mag
König der Lüfte
König des Lichts
Einsam auf dem Thron der Berge
Ferne Distanz zum Nichts
So habe ich Licht ins Herz gezogen
Auch wenn weit über der Welt geflogen
Licht, Regenbogen geschaffen
Nach der Arbeit fortgeflogen
Adlergeschrei schrillt durch die Nacht
Dass jemand an den König gedacht
Einsam und doch nicht allein
Möchte ich immer ein Lichtadler sein

Krankheiten

Krankheiten von Hochbegabten? «Sind wir krank?»

Ja, manche betrachten uns als krank, wenn wir Züge haben von ADS (hyperaktiv, geistig oder körperlich). Wir haben aber auch Züge von Legasthenie, ist das auch eine Krankheit? Nein. Alles, was mit nachhinkenden Reflexen oder Körperimpulsen zu tun hat, ist keine Krankheit, sondern nur ein Fehlverhalten oder eine Schwäche. Das ist aber auch nur bei den emotionell Hochbegabten der Fall. Bei mathematisch Intelligenten trifft das nicht zu. Dieses Hinterherhinken habe ich bereits erklärt. Es geht darum, dass die meisten von uns extrem bildlich denken. Durch dieses Denken verfangen sich unsere Gedanken oft in der rechten, emotionellen Hirnhälfte, und so können sie nicht in der gewünschten Geschwindigkeit in die linke, strukturierte Hirnhälfte übermittelt werden – dorthin, wo die Reflexe gesteuert werden.

So hinken wir mit unserem Körper, unseren Reflexen hinterher. Das wird dann häufig als Legasthenie erkannt. Dass wir oft schon früh nicht erkannt werden, nervt uns sehr, ja, es macht uns sogar wütend. Dadurch entstehen dann Stresshormone, die unser Denken erst recht nicht von rechts nach links durch die Hirnverbindungen fliessen lassen. Lieber Leser, liebe Leserin, du solltest mal meine Texte lesen, bevor das liebe

Korrekturprogramm mich auf die Fehler aufmerksam macht. Ich sitze jeweils hier hinter der Tastatur, die meine Finger einfach nicht schnell genug die Tasten treffen lässt. Meine 1000 Gedanken müssen immer wieder auf wenige Wörter reduziert werden, und das so, dass du sie lesen kannst. Je tiefer ich in den Gedanken bin, umso schlimmer wird es. Es kann dann so aussehen:

eJ teifrer ich in den eGdanken ibn …

Und so weiter … Bin ich krank? Du darfst es selbst beurteilen, doch ich denke, so krank kann ich nicht sein, wenn du das Buch schon bis hierhin gelesen hast. Ich kann wohl nicht so gut balancieren wie andere, kann mich nicht gut auf Rollerblades durch die Gegend bewegen, ohne Tage zuvor geübt zu haben. Gerate ich dann für einige Monate aus der Übung, muss ich wieder von vorn beginnen.

Also, zurück zu den Krankheiten. Die häufigsten Krankheiten von uns Hochbegabten sind Atemwegserkrankungen wie Asthma und chronische Bronchitis. Das führt auch oft zu chronischen Entzündungen, was eine starke Verschleimung der Schleimhäute in den Bronchien und Stirnhöhlen zur Folge hat. Das passiert, weil wir uns eingeengt und nicht verstanden fühlen. Aus Schutz bildet sich eine Schleimschicht, die dann die Atemwege verengt. Wir fühlen uns unwohl in unserer Haut und nicht verstanden. Das Unterbewusstsein reagiert dann eben mit dieser Schutzschicht. Ich stelle das immer wieder bei fast allen Hochbegabten und Indigos fest, die sich nicht frei entfalten konnten. Ich selbst litt über Jahre sehr stark an Bronchial-Asthma und chronischen Stirnhöhlen-Entzündungen. Manche leiden aus demselben Grund an Neurodermitis. Hier steckt die Aussage dahinter: «Es ist mir nicht wohl in meiner Haut, in meinem Leben.»

Doch die häufigste Krankheit ist ganz klar Sucht. Weil sie nicht verstanden werden, ist eine Sucht oft für viele die verzweifelte Suche nach einem Ausweg.

Mit einer Sucht wird die Hochbegabung, das Nicht-verstanden-Werden verdeckt.

Weil viele nicht genug gefordert werden, verlieren sie durch die fehlenden Bestätigungen ihr Selbstwertgefühl, ihr Selbstvertrauen und ihr Selbstbewusstsein.

Sie trauen sich nichts mehr zu und stellen jegliches Interesse und jede Neugier ein. Sie schütten sich mit Alkohol zu, um die Probleme zu verdecken, zu ertränken. Sie nehmen Drogen jeglicher Art, um dennoch etwas Spezielles zu erleben. Die Reaktionen der Gleichgesinnten geben ihnen das Gefühl, endlich angenommen zu sein.

Besonders hochbegabte Mädchen und Frauen ziehen sich oft ganz zurück. Das Resultat: psychosomatische Krankheiten. Essstörungen bis hin zur Magersucht sind keine Seltenheit. Sie können ihr spezielles Leben nicht mehr annehmen, das heisst keine Nahrung mehr aufnehmen. Sie verweigern sich dem Leben. Depressionen und Suizidgedanken sind meist die Folge davon.

Solche Mädchen und Frauen suchen sich dann meist einen dominanten Jungen oder Mann aus, damit sie von ihm geführt werden.

Hochbegabte und sensitive Menschlein haben, wenn sie noch nicht ganz auf ihrem Weg sind, irgendwann im Leben einen Unfall oder erleben ein tragisches Ereignis – diese Erfahrung wirft sie auf ihre Fähigkeiten, auf ihren wahren Weg zurück.

Diese Woche kam eine junge Frau in meine Praxis. Ich fragte nach ihrem Problem.

Sie antwortete: «Ich weiss eigentlich auch nicht, weshalb ich hier bin. Eine Bekannte sagte, ich müsse unbedingt zu Ihnen kommen, Sie könnten mir sicher helfen. Sie sollen scheinbar spezielle Hände haben, die unter anderem meine Füsse vor einer Operation bewahren könnten.»

Meine Antwort: «Ich denke nicht, dass Sie wegen Ihrer Füsse gekommen sind. Ihr Problem liegt woanders verborgen. Wenn ich in Ihre Augen schaue, erkenne ich da einen Menschen, der sensitiv ist und nicht sein Leben lebt. Sie sind nicht mehr Ihrem Lebensweg gefolgt, sonst würden Ihre Füsse Sie nicht leiden lassen.»

Sie schaute mich an und fing an zu weinen. «Sagen Sie jetzt bloss nicht, dass ich wieder rebellieren soll, dass ich jetzt, wo ich mich im Griff habe, wieder zu dieser Person werden soll, mit der viele nicht umgehen können. Ich will nicht wieder nur unbequem und unverstanden sein. Ich arbeite in einem Treuhandbüro, klar, die Arbeit ist sehr banal und zahlenorientiert, doch ich habe die Kontrolle über meine Arbeit, mein Umfeld und meine gesicherte Zukunft. Ich kann meine Zukunft heute selbst gestalten. Ich kann mich auf Strukturen verlassen, mit deren Hilfe ich mein Leben im Griff habe.»

Darauf ich: «Liebe Frau, wenn Sie sich wirklich annehmen und sich bewusst werden, wer und was Sie sind, brauchen Sie absolut keine Strukturen. Sie brauchen dann auch nicht mehr zu rebellieren, sondern Sie sollen einfach nur so sein, wie Sie sind. Sie dürfen sich Strukturen aneignen, aber machen Sie sich nicht zu deren Sklavin. Nehmen Sie das für sich heraus, was Sie nachvollziehen können, und kombinieren Sie das mit Ihrem Selbst. So werden Sie immer mehr auf den Weg Ihres wahren Selbst zurückkommen. Sie sind eine erwachsene junge Frau, die selbst bestimmen kann, wo es langgeht. Sie müssen niemandem mehr genügen, dürfen einfach nur noch sich selbst so annehmen und lieben in Ihrem Sosein. Sie sind zu mir gekommen, damit Sie verstehen, wer und was Sie sind.»

Ich arbeitete dann mit ihr über die Wirbelsäulen-Seele. Es war verrückt zu sehen, wie sich diese Seele den normalen Menschen angepasst hatte, um ihnen zu genügen. Ich gab ihr diese Worte mit: «Kommen Sie wieder auf Ihr Selbst zurück, nutzen Sie Ihre Hochbegabung, und Sie werden vielen Menschen helfen können. So wird auch Ihr Fuss wieder vollkommen gesunden.»

Ja, es ist leider so, dass viele Hochbegabte, die von ihrem Weg abkommen, weil er eben nicht immer nur ein Zuckerschlecken bedeutet, daran erkranken oder einen Unfall haben.

Schon länger arbeite ich mit einer Psychologin, die hochbegabt ist. Sie kam wegen eines Krebsgeschwürs zu mir. Eine andere kam wegen diverser gesundheitlicher Probleme.

Wieso werden sie krank? Weil sie in ihrer Jugend gedemütigt und nicht verstanden wurden wegen ihrer Aussagen und ihrem Tun. Da diese Demütigungen so nicht mehr geschehen, haben sie einen Weg gesucht, um Vorbild zu sein, wie zum Beispiel als Lehrerin. Oder sie haben sich dem Recht und Gesetz verschrieben als Anwältin. Oder sie arbeiten im Dienst der Schulpsychologie, damit Ideen und Vorgaben entstehen, wie die verloren gegangene Atmosphäre für einen achtungsvollen Umgang mit aussergewöhnlichen Kindern wieder zurückgewonnen werden kann. Alle wurden jedoch wieder auf ihren ursprünglichen Weg zurückgeworfen, wenn auch auf Umwegen und Jahre später.

«Eine Krankheit oder eben auch ein Unfall zwingt die Hochbegabten wieder auf ihren Weg zurück.»

Was wiederum das Schöne bei all diesen Hochbegabten ist: Sie haben in irgendeiner Form immer mit Jugendlichen zu tun, die ihrem eigenen Sosein sehr ähnlich sind, und können ihnen so im Leben weiterhelfen. Der Weg nach aussen stimmte ansatzweise bei allen, und so durften sie sich nur noch selbst wieder verstehen. Verstehen sie sich, wird ihre Arbeit authentisch und sehr erfolgreich.

Du hast dich jetzt sicher gefragt, weshalb keine männlichen kranken Hochbegabten erwähnt wurden. Die Antwort: Die gibt es auch, aber sie sind durch ihr Denken weniger gefährdet. Sie finden früher ihren Weg, machen sich beim Rebellieren weniger Gedanken. Sie ecken wohl eher an als die weiblichen Hochbegabten, überspielen das aber mit ihrem strukturierten Denken. Sie erkranken zwar körperlich weniger, werden aber öfter aggressiv oder haben einen Unfall.

Man kann über Krankheiten zusammenfassend sagen: Hochbegabte Kinder bis circa 12, 13 Jahre leiden oft an Hauterkrankungen, Allergien und Asthma. Bis dahin unterscheiden sich Mädchen und Jungen nicht wesentlich.

Zwischen 14 und 21 Jahren sind sie oft suchtgefährdet und leiden an psychosomatischen Störungen.

In diesem Alter tauchen auch oft Suizidgedanken auf.

Ab Mitte 20 machen sich ernsthaftere körperliche Probleme und Krankheiten bemerkbar. Ab diesem Alter erkranken die weiblichen Hochbegabten und Indigos öfter und meist schwerer als die männlichen. Bei den männlichen Hochbegabten brechen dann öfter die gestauten Aggressionen aus oder sie leiden an Herzerkrankungen. Burnout ist auch oft ein Thema. Einige wenige gleiten in die Kriminalität ab, um ein Ventil für ihre aufgestauten Aggressionen zu finden.

Anderes Denken und Handeln ist keine Krankheit, sondern eine Auswirkung unseres Soseins.

Ich fliege wie ein Adler
Ich sehe wie ein Adler

Und alle denken...
...ich sei ein Gockel, der Würmer aufpickt

Christian

Meine Arbeit

Lieber Leser, liebe Leserin, ich habe in der Zwischenzeit unter anderem sehr viele Kinder, eben auch sensitive Kinder, wie ich sie in diesem Buch beschreibe, in meiner Praxis. Da werde ich oft gefragt, wie ich denn mit den Kindern arbeite. Ich habe es ansatzweise schon weiter vorne erklärt, gehe hier nun aber noch etwas zusammenhängender darauf ein.

Die Eltern sind nur bei kleinen Kindern im Raum anwesend. Ansonsten betrachte ich die Kinder wie Erwachsene, und ich gehe auch genau gleich vor. Wenn ich den Praxisraum betrete, weiss ich vorher nie, wer und was mich erwartet. Ich weiss nicht einmal einen Namen oder sonst etwas. Meine Assistentin führt im Voraus das Gespräch mit den Eltern und dem Kind. Ja, so kann ich völlig unbelastet an die Arbeit gehen. Ich lasse mich mit meinen Fähigkeiten wie Hellsichtigkeit und Hellfühligkeit, um mal nur zwei zu nennen, in dieses Wesen, diese Wirbelsäulen-Seele einschwingen. Ich spüre dann über meinen Körper, was in dieser Seele, in diesem Geist (Hirn) und in diesem Körper abgeht, wie dieses Wesen funktioniert. So spüre ich die Blockaden und Ängste. Diese wiederum löse ich mit meinen goldenen Händen, soweit es geht und die Zeit reif ist dazu, auf. Dabei arbeite ich aber auch sehr stark mit den Gedanken. Ich kommuniziere mit der Seele, dem Geist und dem Körper. Über die Gedanken kann ich so neue, freie Gedanken platzieren. Ich sende freie und schöne Bilder und Emotionen in diese Person hinein. Das heisst, wenn ich Ereignisse sehe, die negativ waren (eine schwere Schwangerschaft, ein ungewolltes Kind, alte Muster etc.), kehre ich sie in meinen Gedanken ins Positive um.

Die Ängste werden ja aus dem Unterbewusstsein (der Seele) ausgesendet. Diese Ängste übertragen sich ins Nervensystem und anschliessend auf die Muskulatur im ganzen Körper, inklusive das Hirn. Also, ich arbeite hier dann auf verschiedenen Ebenen. In der Seele löse ich das Problem, die Ursache auf. Zu erklären, wie das geschieht, würde hier zu weit führen, respektive ein ganzes Buch füllen. Mit meinen Gedanken setze ich neue positive Ursachen, Gefühle und Emotionen. Mit den Händen übertrage ich die göttliche Energie auf den Körper, damit sich auch dieser entspannen und befreien kann. Nach der Behandlung kann es sein, dass ich mich noch mit ein paar Worten an die Eltern wende, sofern es sinnvoll und notwendig ist. Aber noch viel wichtiger sind die aufbauenden Worte an das Kind! Die Kinder wissen und fühlen ohne Worte, dass ich sie verstehe, auf dem emotionellen, nonverbalen Weg. Die Worte, die ich verbal von mir gebe, sind vor allem Mut machend, dass sie sich sein dürfen, auch wenn sie nicht immer verstanden werden. Sätze wie «Ich glaube an dich» oder «Du bist ein megafeiner Mensch» können Berge versetzen!

Viele Eltern haben die Erwartung, dass ich den Charakter ihres Kindes «schulkonform» zurechtbiegen kann oder dass sich die Kinder durch meine Arbeit auf einmal selber besser anpassen ... Nein, liebe Eltern, ich löse Blockaden und Ängste, damit das Kind wieder, oder endlich, sich sein darf. Damit es sein ganzes Potenzial an Fähigkeiten und Charakterzügen möglichst ausleben kann.

Eine Sitzung dauert nur ungefähr 10 bis 15 Minuten. Ach ja, noch zu erwähnen ist, dass sich die Eltern sehr oft auch auf die Behandlungs-Liege begeben dürfen, da die Kinder ja ihre Spiegel sind, das ist ja wohl allen klar ... Nicht? (Nachtrag Januar 2015: Es muss sich immer mindestens ein Elternteil auch behandeln lassen.)

Und bei meiner Arbeit laufen halt auch Dinge ab, die ich selbst nicht erklären kann oder möchte. Es gibt Dinge, die nicht zu erklären sind, aber sie sind.

Wie der Schulmediziner sagte: «Ich weiss nicht, was Frautschi gemacht hat, aber es half.» Ja, ich weiss es auch nicht immer...

Während ich die letzten Zeilen dieses Buches schreibe, ist dieses E-Mail eingetroffen:

«Unser Sohn, 10-jährig, hat Konzentrationsschwierigkeiten. Er ist hyperaktiv. Seine Noten verschlechtern sich, sind zurzeit ungenügend. Im Sommer beginnt die 5. Klasse, da zählen auch schon die Noten für die Oberstufeneinteilung. Obwohl ich Stunden mit ihm mit Lernen verbringe, vergisst er nach ein paar Tagen wieder dies und das. Er hat Lernschwierigkeiten. Ich als Mutter bin am Ende meiner Kräfte. Es deutet alles darauf hin, dass er unter ADHS leidet. Bitte geben Sie mir einen baldigen Termin. Passend wäre es an einem Mittwochnachmittag oder in den Frühlingsferien nach Ostern bis 17. April 2015. In den Ferien wären mir der Wochentag und die Zeit egal. Bitte beachten Sie, dass ich fast zwei Stunden Fahrzeit benötige. Besten Dank. Ich erwarte umgehend Ihre Antwort. Freundliche Grüsse...»

Ja, und so soll ich bitte sofort dem Sohn helfen, ein besserer Schüler zu werden!? Mit anderen Worten, dieser Junge genügt den Vorstellungen der Eltern nicht, es muss zu deren Wohl jetzt endlich etwas passieren, aber sofort …

Gedanken am 17. Februar 2007

17. Februar 2007, Neumond. Heute vor vier Jahren wurde ich – damals war es ein Vollmond – geweckt, um mich hinzusetzen und mein Erstlingswerk «Die Wirbelsäulen-Seele» zu beginnen. Ich hatte vorher nie daran gedacht, ein Buch zu schreiben, schon deshalb nicht, weil ich Legastheniker bin. Aber ich musste es tun. Ich schrieb ein halbes Jahr, fast ununterbrochen. Dann ruhte das Manuskript zwei Jahre. Ich überarbeitete es wieder. Dann lag es wieder ein Jahr lang brach. Das heisst, ich verlegte es, aber nicht durch einen Verleger, sondern von einem Tisch auf den anderen.

In dieser Zeit war ich immer krank. Ich hatte mindestens einmal im Monat sehr schweres Asthma und eine Lungenentzündung. Ein normaler Mensch würde das kaum überleben. Es ist mir heute noch ein Rätsel, wie ich es durchstand. Ich hatte ja absolut kein Geld mehr, keine Arbeit, kein Dach über dem Kopf, einfach nichts. Durch das Abgeben des Buchmanuskripts an Bekannte bekam ich dann langsam wieder Klienten, einen bis zwei pro Woche. Vor einem Jahr hatte ich mich wieder einigermassen gesammelt. Ich hatte ab dem 1. Januar 2006 endlich wieder eine eigene Praxis. Ich wusste zwar nicht, wie ich die Miete bezahlen konnte, geschweige denn, wo das Geld für die Einrichtung herkommen sollte. Aber ich ging einfach meinen Weg unbeirrt weiter, durch das Abenteuer Leben, mit Volldampf voraus. Ich konnte nie verstehen, dass ich keine Klienten hatte, da ich doch nachweislich sehr vielen schwerstkranken Klienten hatte helfen können, wieder gesund zu werden. Es spielte keine Rolle, ob jemand Krebs hatte oder schwerste Rückenprobleme, ob er herzkrank war oder sonst an einer unheilbaren Krankheit litt. Ich lebte einfach meine Berufung, und so Gott mitmachte, wurden etwa 80 Prozent aller meiner Klienten vollends geheilt. Irgendwie ist das doch ein absoluter Wahnsinn. Ja, und so hatte ich über die Jahre immer so viele Klienten, wie ich für mein Weiterkommen gerade brauchte.

Doch dann kam der schon seit sieben Jahren erhoffte Durchbruch. Ein Verleger wurde auf mich aufmerksam und brachte am 11. November 2006 mein Buch auf den Markt. Durch diverse Zeitungsberichte über meine Arbeit bekam ich zudem einen riesigen Bekanntheitsgrad. Plötzlich war ich über Monate im Voraus ausgebucht.

Ich bekam die Wohnung eine Etage über meiner Praxis, eine sehr schöne, grosse Wohnung mit Sicht auf meinen geliebten Zürichsee und die wunderschönen Schweizer Alpen. Ich hatte eine Putzfrau für die Praxis, eine Assistentin, die meine Telefonate erledigte und die Termine plante. Ich weiss gar nicht, woher ich die Zeit nahm, um dieses Buch überhaupt zu schreiben. Ich wusste ja auch nicht, was ich schreiben wollte, ich liess mich einfach vom lieben Gott leiten, inspirieren und führen in allem, was ich tat.

Bis vor einer Stunde sass ich da und wusste nicht mehr, was ich schreiben sollte. Ich war über Wochen völlig blockiert. Vor einer Woche dann bekam ich ein E-Mail von einer Frau aus Italien mit der Frage, ob ich kommen könnte, ihr Ehemann liege im Sterben, Krebs im Endstadium. Ich wollte schon absagen, da mir die Zeit fehlte, doch der Computer schickte die E-Mail nicht ab, er stürzte ab. Und ich dachte: Kann denn um Himmels Willen dieser Mr. Microsoft – dieser hochbegabte Junge und mittlerweile schwerreiche Mann – keine Software schreiben, die stabil bleibt?

Nein, es musste so sein. Ich überlegte es mir anders: Christian, lebe deine Berufung, geh nach Italien, nimm den Weg von zehn Stunden auf dich und behandle diese schwerkranke Seele. Und so wusste ich, dass nicht der Mr. Microsoft, der Bill, dafür verantwortlich war, dass mein Computer streikte, sondern die Kumpels aus dem Universum. Also setzte ich mich erneut hin und sagte zu. Dieses E-Mail ging dann prompt sofort auf den Weg durch den Internet-Dschungel nach Italien, ohne an der Schweizergrenze einen Pass zeigen zu müssen.

Ich wusste, dass ich meiner Berufung nachgehen musste, obwohl mein Verleger in einer Woche mein fertiges Manuskript in seine wohlverdienten Ferien mitnehmen wollte.

Und ich wollte dieses Buch ja auch fertig schreiben. Doch ich war eben blockiert.

Ich hatte meinen neuen Raum, den ich zusätzlich seit Januar 2007 für Seminare und für meine Schreibarbeit gemietet hatte, in den letzten zwei Monaten schön eingerichtet. Ich legte eine ruhige, klassische CD ein und setzte mich zum Schreiben hin. Wunderschöne weisse Lilien in einer besonderen Blumenvase zierten meinen Kreativ-Raum. Doch ich wusste immer noch nicht, was ich schreiben sollte. Leere, die Finger blieben ruhig.

Dann klingelte mein Telefon, ein Freund, ein hochbegabter Manager aus Deutschland, rief an:

«Christian, meiner Cousine geht es überhaupt nicht gut. Sie ist seit Mittwoch im Spital und niemand weiss genau, was sie hat. Die Untersuchungen dauern noch an. Sie hat Krebs, aber wir wissen noch nicht, wie schlimm. Was, meinst du, sollen wir tun? Alle wollen von dir behandelt werden, du bist der Beste, nur du kannst es schaffen, können wir dich einfliegen? Du hättest abgesehen von meiner Cousine noch viele Klienten hier.»

Meine Antwort: «Ich werde es mir überlegen, ich melde mich morgen früh.»

Nachdem ich aufgelegt hatte, musste ich nur noch weinen. Tränenüberströmt sass ich da. Es schüttelte mich durch. Als ich die Augen wieder ausgewischt hatte, sah ich, dass die vor einer Stunde noch geschlossen Lilien fast alle aufgegangen waren und zu mir herüberblinzelten.

Ich nahm das Telefon in die Hand und rief den Freund zurück: «Ja, ich komme, du kannst für mich einen Flug buchen!»

Mir ging durch den Kopf, wie lange der Weg bis hierhin gewesen war. Meine ganze Kindheit als hochbegabter Junge, das Heranwachsen zum Mann flog vor meinem inneren Auge vorbei.

Es wurde mir klar, dass ich genau so arbeiten wollte: unter der Woche vier Tage in der Praxis tätig sein und am Freitag und Samstag genügend Zeit haben, um im Ausland Privatklienten zu behandeln. Ich brauche wirklich nur noch meinen Weg zu gehen, alles andere geschieht von selbst.

Vor einiger Zeit hatte ich mit zahlreichen Hochbegabten Kontakt aufgenommen, um über ihre Erlebnisse zu diskutieren und darüber zu schreiben. Auch um zu hören, was sie den normalen Menschen sagen möchten. Doch ich bekam von niemandem Antwort. Ich konnte das nicht verstehen und fragte im Aussen, im Universum, nach.

«Christian, du weisst, jeder geht seinen Weg. Jeder denkt, sein Weg sei halt einfach so. Sehr wenige können darüber sprechen, weil sie nicht wissen, was denn eigentlich normal ist. Viele wissen, dass sie anders sind, doch wie und was dieses Anders ist, wissen sie nicht. Und wenn sie es wüssten, würden viele ihren

Weg nicht gehen. Sie überqueren und durchgehen viele Berge und Täler, bis sie zu ihrer Erfüllung als Hochbegabte kommen. Die einen erkennen den Weg früher, schon als Kind, die anderen müssen zuerst erwachsen werden, so wie du. Du musst nicht mehr von anderen schreiben, davon steht genug im Buch. Schreibe deinen Lebensweg nieder, das motiviert die vielen Hochbegabten und Indigos viel mehr, ihren Weg ebenso zu gehen. Du kannst nur mit ehrlichen, authentischen Worten bewegen.»

Uff – das war wieder eine Durchsage von ausserhalb, aus dem grossen Universum, aus dem Raum- und Zeitlosen, von dort, wo der liebe Gott mit seinen Kumpels seine Kommandobrücke aufgebaut hat. Und plötzlich wusste ich wieder, was ich noch schreiben soll, über meinen steinigen, verdammt harten Weg zu meiner Berufung.

«Aber ich will wirklich nicht so viel von mir schreiben! Ich will doch nicht als Egoist dastehen, ich will doch einfach nur die Welt etwas bewegen!», war meine Antwort zur göttlichen Kommandobrücke.

«Denk nicht so viel nach, mach endlich vorwärts mit deiner Geschichte! Und dein Buch wird in fünf Tagen fertig sein!»

«Ja, Chef», hätte ich am liebsten gesagt. Doch ich schwieg und wusste, dass die Ansagen von dieser Kommandobrücke im Gegensatz zu dem, was von den Kommandobrücken unserer Wirtschaftskapitäne zu vernehmen ist, schon richtig sind. Und einen Chef gibt es sowieso nicht, nur Lehrer und Schüler.

In der Zwischenzeit bekam ich von meinem Freund die Bestätigung, dass mein Flug nach Hannover für den kommenden Freitag um 16 Uhr gebucht war.

Ja, nun endet dieses Buch. Aha, du denkst jetzt, der liebe Gott hat durchgegeben, dass ich meine Lebensgeschichte aufschreiben soll ... Ja, das stimmt, ich habe diese in «Über den Wolken» auch niedergeschrieben. Ich werde es in diesem Buch nicht mehr tun. Es wird ein separates Buch dafür bestimmt sein. So darfst du also demnächst im Buch «Halbzeit - Mein voll krasses Leben» mehr darüber lesen.

Beim Durchsehen der Ritalin-Box-News bin ich auf den folgenden Text gestossen, den ich mit Einverständnis der Redaktion übernehmen durfte. Der Autor wollte nicht genannt werden.

ZEIT Online, Campus Nr. 02/2009
Ich bin ein Zombie, und ich lerne wie eine Maschine

Ritalin macht leistungsfähig. Experten sagen, das Medikament sei eine Gefahr für die Gesundheit und unser Bildungssystem. Ein Selbstversuch.

Das erste Mal in meinem Leben nahm ich Ritalin mit 17. Ich war Austauschschüler in Washington, D. C., und Adam, mein Gastbruder, hatte die Pillen besorgt. Wir zerstampften sie mit einem Gewürzmörser aus der Küche und zogen das Pulver mit einer Zehndollarnote durch die Nase, das Bild von Alexander Hamilton hatte danach ein kleines Hitler-Bärtchen aus Staub.

Adam sprang auf, schrie: «Look! It's Adolf Hamilton», und fiel über den Mülleimer auf den Boden. Es war die Nacht, in der wir später mit Fahrrädern durch Washington fuhren und Güterzüge mit Graffiti besprühten. Wir flohen schliesslich vor der Polizei, dann lag ich im Bett mit weit aufgerissenen Augen, unfähig, einzuschlafen. Mein Herz schlug hart und schnell, meine Augen sprangen sinnlos von einer Ecke zur anderen, ich schwitzte; es war ein Scheissgefühl. Ich wollte nie wieder synthetische Drogen nehmen. Auch nicht Ritalin.

Das zweite Mal in meinem Leben nahm ich Ritalin vor ein paar Wochen, nachdem ich einen Artikel in der Zeitung gelesen hatte. Dort stand, Ritalin sei die neue Modedroge unter Studenten – viele nähmen es, weil sie sich damit besser konzentrieren könnten. In Amerika sei jeder vierte Student und sogar jeder fünfte Professor auf der Pille, für Deutschland seien noch keine Zahlen bekannt. Der Artikel klang wie ein Enthüllungsbericht von der Tour de France.

Konzentrationsprobleme. Kenne ich. Ich studiere Philosophie, und wenn ich in der Bibliothek sitze und Fachliteratur lese, überkommt mich manchmal diese Müdigkeit. Ich sitze vor den Büchern, aber die Wörter ergeben keinen Sinn, als würde ich sie vorlesen, mir selbst aber nicht zuhören. Mein Kopf knüpft derweil Assoziationsketten, die ich nicht stoppen kann: Ich schaue aus dem Fenster, sehe einen Gärtner, der einen Baum schneidet, und ich frage mich, ob seine Säge nicht zu klein ist, was mich daran erinnert, dass ich die Zimmerpflanze schneiden wollte, die zu Hause auf dem Tisch steht, auf dem der Brief liegt, auf den ich einen Kaffeefleck gemacht habe, den ich ja noch zur Post… – apropos Kaffee: Ob ich mal eine Pause machen sollte? – Nein, stopp. Ich muss lernen!

Diese Konfusion hat mein Studium zu einem Kampf gegen mich selbst gemacht. Gewinnen kann ich ihn nicht. Manchmal liege ich eine halbe Stunde mit dem Kopf auf meinen Büchern, starre geradeaus und bewege mich nicht. Natürlich liesse sich das Versagen psychologisch begründen: Ich spüre den Druck, im Studium zu brillieren, um auf dem Arbeitsmarkt eine Chance zu haben – und es ist dieser Druck, der mich blockiert. Um zu brillieren, müsste ich den Druck loswerden. Ich brauche Stille in meinem Kopf. Ich muss dieses Hintergrundrauschen aus meinem Hirn drängen, wenigstens bis zu meinen Abschlussprüfungen in drei Wochen.

Wenn Ritalin mir dabei helfen kann, dann will ich es sofort haben. Nur für einen Selbstversuch. Natürlich. Ich besorge mir eine Packung über einen Freund, dessen Vater Arzt ist – eine orangefarbene Pappschachtel, mit eingestanzter Blindenschrift und den grossen Buchstaben: RITALIN, 10 mg. Der Beipackzettel hat etwa die Grösse einer DIN-A4-Seite. Das Wort «Tod» kommt häufiger vor: «Der Missbrauch von Stimulanzien des Zentralnervensystems kann zu plötzlichem Tod und anderen ernsten Nebenwirkungen am Herz-Kreislauf-System führen.» Sollte ich vielleicht doch mit einem Arzt oder Apotheker sprechen? Ich rufe Gerald Hüther an, Professor für Neurobiologie an der Psychiatrischen Uni-Klinik Göttingen.

Wie hoch sind die körperlichen Risiken tatsächlich, Herr Hüther?

«Sie betrachten das Problem falsch, nämlich rein medizinisch. Ich frage Sie: Was kann man sich selbst Schlimmeres antun, als sich so zu funktionalisieren? Als sich zum

Sklaven dieses Bildungssystems zu machen?»

Ja, schon, aber was sagen Sie jemandem, der antwortet: Lieber ein Sklave mit 1,0 als ein freier Mensch, der durch die Prüfung fällt?
«Ich sage ihm: Wenn man anfängt, seine Affekte mit einer Pille zu kontrollieren, ist man kein Mensch mehr. Dann ist man ein Roboter.»

Hüther erklärt mir, dass Ritalin eigentlich nichts anderes ist als Kokain, nur in geringerer Dosis. Deshalb fällt Ritalin in Deutschland unter das Betäubungsmittelgesetz; nur wer ein ärztliches Rezept hat, kann es straffrei in der Apotheke kaufen. Die Tablette wirkt als sogenannter Dopamin-Wiederaufnahme-Hemmer, sie senkt den Dopaminspiegel in den Nervenzellen. Dopamin ist ein Botenstoff, der unsere Impulse verstärkt.

Wer zu viel davon hat, wird zum Opfer seiner eigenen Impulse, ständig abgelenkt von Ideen und Geistesblitzen. Menschen mit niedrigem Dopaminspiegel hingegen funktionieren automatisch, fokussiert auf eine einzige Tätigkeit. Deshalb gibt man hyperaktiven Kindern Ritalin, damit sie in der Schule still sitzen und sich auf den Unterricht konzentrieren. Eltern mögen das Medikament: Zwischen 1993 und 2003 ist die Zahl der Ritalin-Verschreibungen weltweit um rund 270 Prozent gestiegen.

Aber was sind denn nun wirklich die Nebenwirkungen, Herr Hüther?
«Sie haben auf nichts mehr Lust, Ihre ganze Emotionalität und Affektivität ist zugedröhnt. Sie empfinden keine Neugier, kein Bedürfnis nach menschlichen Bindungen und sind weniger kreativ. Deshalb nehmen eher BWL- und Medizinstudenten Ritalin, weil dort weniger Kreativität verlangt wird.»

Meinen Sie, man sollte davor warnen?
«Unbedingt! Wer früh Ritalin nimmt, lernt nicht, seine Affekte zu kontrollieren, denn er hat keine mehr. Ohne Pille ist er praktisch lebensunfähig.»

Ein letzter Satz von Hüther geht mir noch Tage später im Kopf herum: «Ritalin ist die Droge für die Pflichterfüller-Generation.» Es ist etwas Wahres daran: In den Siebzigern nahm man LSD, um dem Muff der Nachkriegszeit zu entkommen. In den Achtzigern nahm man Kokain, um sich trotz Pershing-II-Raketen gut zu fühlen. In den Neunzigern nahm man freitags Ecstasy-Pillen, um bis montags zu tanzen. Es waren Spassdrogen, mit denen die Jugend gegen die Erwartungen der Gesellschaft rebellierte. Heute nehmen Studenten Ritalin, weil es ihnen hilft, sich den Erwartungen der Gesellschaft anzupassen. Sie sind die erste Generation, die eine Vernunftdroge konsumiert. Eine traurige Droge, ein Armutszeugnis. Einerseits.

Andererseits: Wenn es für gesunde Körper nicht gefährlich ist – was spricht dagegen? Ich stehe kurz vor meinen Abschlussprüfungen, das hier ist, mit Verlaub, mein Ernstfall. Was interessiert mich die Befindlichkeit meiner Generation? Ich will nicht rebellieren, ich will einen Arbeitsplatz in Zeiten einer weltweiten Rezession. Wenn Roboter bessere Noten kriegen, dann bitte sehr, dann will ich Roboter sein!

Ich nehme also eine Pille, erst einmal zu Hause. Keine Viertelstunde, und meine Umgebung wird leicht heruntergefahren; ein Gefühl wie der Dämmerzustand frühmorgens, wie die konzentrierte Ruhe nach einem langen Kinobesuch. Die Dinge entwickeln eine seltsame Singularität: Ich sitze auf meinem Sofa und lese. Nach einer Weile merke ich, dass der Fernseher auf voller Lautstärke läuft – ich hatte ihn gar nicht gehört. Ich vergesse nicht, was um mich herum geschieht, es interessiert mich nur nicht mehr. Ich sehe die Dinge einzeln, eines nach dem anderen. Andere Drogen bewirken einen Rausch, Ritalin macht sehr nüchtern.

Der nächste Tag in der Bibliothek ist ein grosser Erfolg. Ritalin ist kein Wundermittel, es stärkt nicht meine Arbeitsmoral, aber zumindest lenkt mich nichts mehr ab. Ich schaue nicht aus dem Fenster. Läuft jemand in der Bibliothek an meinem Tisch vorbei, dann blicke ich nicht auf, sondern starre eisern auf die Buchseiten. Ich arbeite konzentriert drei, vier Stunden lang. Ich vergesse den Druck, den Gärtner, den Kaffee.

Mittags dann stehe ich in der Mensa und überlege, auf welches Menü ich Lust habe – und ich weiss es nicht. Ich wähle zufällig eines aus und stochere lustlos darin herum, das Ritalin hemmt meinen Appetit. Dann nehme ich wieder eine Pille und gehe zurück in die Bibliothek. Ja, ich bin ein Zombie, aber ein Zombie, der lernt wie eine Maschine.

Es gefällt mir. Nur meine Freunde beobachten mich jeden Tag misstrauischer. Manche von ihnen sind konservativ, sie besuchen Vorlesungen in Hemd und Jackett und betrachten Drogensüchtige in der Fussgängerzone wie Anomalien im Raum-Zeit-Gefüge. Sie sagen, ich sei so anders in letzter Zeit: lebhafter, aggressiver und etwas anstrengend. Das stimmt. Ich trete Geldautomaten, die mir zu langsam sind, und fluche über vergessliche Kellner im Café.

Schliesslich beichte ich meinen Freunden die Sache mit dem Ritalin und erwarte Vorwürfe. Stattdessen fragen sie, ob ich ihnen etwas abgebe. Nein, sage ich, ich will nicht, dass ihr Pillen nehmt! Sie sagen: Du machst es auch! Ich: Das ist etwas anderes, das ist ein Selbstversuch! Ausserdem habe ich nur noch 20 Tabletten übrig, das muss reichen bis zur letzten Prüfung – aber das sage ich nicht, das denke ich nur. Spätabends bekomme ich eine SMS, ich weiss nicht, ob sie lustig gemeint ist: «Freund, bitte, ich brauche auch Ritalin, Geld spielt keine Rolle!» Vielleicht sind wir alle verzweifelter, als wir zugeben wollen.

Ganz abgesehen von den Nebenwirkungen: Es gibt eine zweite Frage, über die ich in diesen Tagen immer wieder nachdenke. Eine moralische. Klausuren sind Konkurrenzkämpfe, es geht darum, sich mit den Kommilitonen zu messen. Noten orientieren sich selten an einem objektiven Massstab, sondern an der Leistung des Besten, der Einskommanull. Was, wenn ich die beste Klausur schreibe? Verzerre ich den Notenspiegel? Macht mich das zu einem Dopingsünder, zu einem, sagen wir, Lance Armstrong der Wissenschaft?

Ich frage den Frankfurter Moralphilosophen Marcus Willaschek. «Es gibt einen Unterschied zwischen Sport und Wissenschaft», sagt er. «In der Wissenschaft geht es nicht um das Gewinnen, sondern um Erkenntnis. Jemand, der dopt, nutzt also der Wissenschaft, weil er die gemeinsame Sache voranbringt. Anders ist es in Prüfungen, weil Noten nach der durchschnittlich erwartbaren Leistung vergeben werden. Wenn Prüfungskandidaten dopen, verschlechtern sich mittelfristig die Noten derjenigen, die nicht dopen. Das ist ähnlich unfair wie im Sport.»

Da hat er recht. Nur: Kann ich es mir leisten, mich daran zu halten? Kann ich meinen Kommilitonen trauen? Sie würden an meiner Stelle dasselbe tun, oder? Und ist ein Spickzettel nicht auch Doping - ein erschlichener Vorteil? Der Ehrliche ist doch immer der Dumme, oder nicht?

Nachdem mir klar wird, dass ich durch einen Spickzettel immerhin niemand anderen dazu zwinge, sich selbst mit Psychopharmaka aufzuputschen, beschliesse ich, etwas zu finden, das harmloser ist als Ritalin. Ich erzähle meiner Apothekerin von den Problemen beim Lernen.

Sie schaut mir über ihr Brillengestell hinweg lange in die Augen und verkauft mir schliesslich Koffeintabletten für den Tag und Baldriantropfen für die Nacht. Ich beschliesse eine Doppelstrategie: Alle zwei Tage nehme ich Ritalin, dazwischen Koffein, Baldrian und Vitamintabletten.

An den Koffein-Tagen ist die Bibliothek für mich ein sehr trauriger Ort, Neurologen nennen das den «Rebound». Mein Körper ist an den Ritalin-Putsch gewöhnt und vermindert vorsorglich seine Leistungsfähigkeit. Das Koffein macht mich zwar wach, aber schon das Lesen einer ganzen Buchseite fällt mir schwer. Die Ritalin-Tage hingegen sind intellektuelle Feuerwerke, fast Orgien der Schaffenskraft. Ich fange an, die Ritalin-Tage zu mögen. So sehr, dass mir der Gedanke, dass dieser Selbstversuch einmal zu Ende sein wird, gar nicht gefällt. Ich mag das Euphoriegefühl, das Ritalin mir verschafft, und die Leistung, zu der ich dadurch imstande bin. Ich gefalle mir, wenn ich Ritalin genommen habe.

Das Vertrackte an Medikamentensucht: Man verpasst den Zeitpunkt, an dem man die Kontrolle verliert. Meine Tabletten gehen zur Neige. Ich suche nach einem Vorwand, mir noch ein Päckchen zu besorgen, und rufe jemanden an, der ein «Gehirndoping» dann und wann befürwortet.

Der Zukunftsforscher Sven Gábor Jánszky sagt: «Es ist ungerecht, wie ungleich wir geboren werden. Warum wollen wir es jemandem verbieten, der von Geburt wenig intelligent ist, sich mit Pillen ein kleines bisschen schlauer zu machen?»

Zum Beispiel wegen der Nebenwirkungen?
«Viele Menschen nehmen Substanzen, die dem Körper auch schaden, Koffein, Nikotin. Diese Menschen entscheiden für sich, dass der Schaden kleiner ist als der Nutzen.»

Ist es nicht traurig, auf Pillen angewiesen zu sein?
«Wer Anerkennung bekommt, weil er mit Ritalin mehr leistet, fühlt sich gut. Was sollte daran traurig sein?»

Eben. Was sollte an Gehirndoping traurig sein? Ich überlege, Ritalin auch bei meiner Examensklausur zu nehmen, und frage eine Mitarbeiterin der Prüfungskommission, ob denn Ritalin gegen die Prüfungsordnung verstösst. Sie antwortet mir noch am selben Tag: «Darüber haben wir noch nie nachgedacht! Wenn derjenige, der sich aufputscht, nicht auffällig wird, kann er seine Prüfung schreiben. Wenn aber andere durch sein Verhalten gestört werden, wird er den Klausurraum verlassen müssen. Auch wenn jemand vor der Prüfung zu viel Tequila trinkt, würden wir so reagieren!»

Am Tag meiner Klausur stehen Studenten vor dem Prüfungsgebäude und rauchen. Ich gehe hinein und setze mich. Ich will ganz offen dopen. Die orangefarbene Pappschachtel liegt auf meinem Tisch. RITALIN, 10 mg, Wirkstoff: Methylphenidat. Bei der Tour de France würden sie mich jetzt verhaften, später würde ich in einer Pressekonferenz sitzen, und ich würde von Missverständnissen reden und von falschen Unterstellungen. Bei der Magisterprüfung aber darf ich das alles, und zehn Minuten nachdem ich die Pille geschluckt habe, fühlt es sich wieder an, als trüge ich Scheuklappen. Vier Stunden lang schreibe ich, fast ohne aufzublicken, Seite um Seite. Einmal gehe ich auf die Toilette und bin selbst dort so fokussiert, dass ich beim Händeföhnen vergesse, dass ich eine Klausur schreibe.

Es war meine letzte Tablette. Für die Klausur gab es eine 1,3. Nicht schlecht, aber in einer anderen – in der ich nicht gedopt war – gab es eine 1,0. Was bleibt also von diesem Selbstversuch, ausser dem «Rebound», der nicht nur die Leistungsfähigkeit senkt, sondern auch die Laune schlechter macht?

Ich weiss es nicht. Wer sagt, Ritalin helfe nicht, lügt. Es schlägt nicht bei jedem an, aber aus mir hat es den Studenten gemacht, der ich sein sollte: hellwach, fokussiert und diszipliniert. Und einen Menschen, der ich nicht sein will: zwanghaft und unentschlossen. Ich hatte keinen Hunger mehr und keinen Durst, ich wusste nicht mehr, welche CD ich hören und welche Hose ich anziehen wollte. Wenn die Wirkung nachliess, wurde ich unkonzentrierter als vorher, und statt mich zusammenzureissen, überlegte ich, wo ich wieder Ritalin herbekommen konnte. Ausserdem ist es kein gutes Gefühl, jemand zu sein, der über einem Handföhn seine Abschlussklausur vergisst. Ich habe versucht, das meinen Freunden zu erklären, und erzählt, was Gerald Hüther, der Neurologe, meinte: «Ritalin ist eine

Gefahr für unser gesamtes Bildungssystem.»

Ich habe meine Freunde gefragt, ob sie mich verstehen. Sie fragten zurück, ob ich noch welche von den Pillen übrig habe.

Quelle: http://www.zeit.de/campus/2009/02/ritalin/komplettansicht

Schlusswort zum Ersten, 4. März 2007, Vollmond, Mondfinsternis

Ich nahm heute Nacht noch die letzten Änderungen von «Über den Wolken» vor. Diese Änderungen müssen sein, sagte meine Verlegerin, ich war anderer Meinung. Doch in unserem Gespräch bemerkte ich, dass ein normaler Erdbewohner die Worte, die ich geschrieben hatte, nicht gleich versteht, auch wenn ich gedacht hatte, dass sie verstanden würden. Also setzte ich mich nochmals hin.

Als ich fertig war, nachts um zwei Uhr, sah ich aus dem Fenster und wollte den Vollmond anschauen. Doch der hatte sich fast unsichtbar gemacht in der dunklen, klaren Nacht. Ach ja, es ist ja Mondfinsternis! Hm, habe ich nicht bei einer Mondfinsternis mein Buch begonnen? Die Inspiration dazu hatte ich damals in der Pizzeria Il Faro in Herrliberg bekommen, am schönen Zürichsee.

Ja, nur hatte ich damals eine andere Sicht. Ich sah die etwas anderen Kinder, Erwachsenen anders. Ich wusste schon viel, doch heute weiss ich noch mehr. Und ich freue mich, in zehn Jahren noch mehr zu wissen, und noch mehr freue ich mich, nie allwissend zu sein.

Was mir nie bewusst geworden war: dass die speziellen Kinder, Hochbegabten und Indigos über sich selbst sehr, sehr wenig wissen. Ich lernte beim Schreiben dieses Buches sehr viel dazu. Doch eines war mir immer bewusst: Das Leben kann man nicht wissen, sondern nur erfahren. Ich zum Beispiel durch die Arbeit in der Praxis mit den wunderbaren Seelen, aber auch durch viele Kontakte irgendwo auf dieser Erdkugel. Mein grösster Wunsch, liebe Leserin, lieber Leser, ist, dass du uns besser verstehst. Ich hoffe aber auch – oder noch viel mehr –, dass du, lieber ADS-ler, Legastheniker, Hochbegabter oder Indigo, dich selber besser verstehst!

Und so hoffe ich, dass alle, die sich selbst hinter den Mond geschossen haben oder geschossen wurden, wieder hervorkommen, ins Leben zurück. Der Mond stand immer, auch heute Nacht, am Himmel, nur haben wir ihn nicht gesehen. Er war verdeckt, wie das im Leben manchmal auch so ist.

Liebe Leserin, lieber Leser, ich bin mit Umwegen immer auf meinem Weg geblieben, aus der Finsternis hervorgekommen. Liebe spezielle Seele, mach es auch so!

Du wirst ans Ziel kommen, ohne zu wissen, was das Ziel sein wird, denn jedes Mal, wenn du es erreicht hast, erscheint das nächste Ziel, und der nächste Weg beginnt. Nimm dich und deine Mitmenschen an, nimm dein Leben an, und ersticke, ertränke es nicht in irgendeiner Sucht oder etwas Ähnlichem. Stehe hin für dich und erfülle deine Lebensaufgabe.

Siehst du dich heute als Mond, der nur angestrahlt wird? Manchmal sogar nur im Schatten? In der Finsternis? Dann wende dich! Dreh dich nicht nur der Sonne zu, sondern sei selbst die Sonne!

So wirst du für viele Seelen ein Leuchtturm sein, bei Nacht und Nebel, und sie ins Licht führen, an die Sonne.

Zu diesem Leuchtturm, in die Pizzeria Il Faro, werde ich heute noch gehen, als Dankeschön, dass ich dort die Inspiration für unser Buch bekommen habe.

Dein hochbegabtes Indigo-Wesen
Christian Frautschi

**«Wir wissen nicht, wie wir sind.
Trotzdem sind wir!»**

Schlussbrief an eine Klientin, Oktober 2007

Liebe J.

Soeben habe ich die definitive Fassung des Buches zu Ende geschrieben. Heute Nachmittag durfte ich mit dir arbeiten, ich danke dir von Herzen dafür. Ja, du bist wie wir; ich versuchte uns in diesem Buch zu beschreiben.

Du fragst dich jedes Mal, wieso du überhaupt kommst, du seist ja gar nicht krank. Ja, das stimmt, eigentlich ist niemand krank, selbst wer nicht mehr aus eigener Kraft über meine Türschwelle gehen kann. Es ist auch niemand krank, wenn er einen bösartigen Tumor in seinem Körper hat. Also, anders betrachtet, aus Sicht der Schulmedizin, ist jeder Mensch krank respektive fast jeder.

In meiner Arbeit respektive in meinen Augen ist niemand krank, so sehe ich alle als gesund. Gesundheit ist meine Aufgabe, die mir der liebe Gott auf die Fahne geschrieben hat. Ich kann mit meinen Fähigkeiten nur das bestmögliche Resultat erzielen, wenn ich so denke und der Gesundheit keine Grenzen und Beschränkungen gebe. Also ist es meine Aufgabe, jeden Menschen gesund zu sehen. Liebe J., auch du bist nicht krank, nicht mal aus schulmedizinischer Sicht. Trotzdem gibt es Menschen, Pädagogen, Therapeuten, Ärzte oder wer zum Kuckuck auch immer, die uns als Kranke betrachten. Man sagt uns sehr oft ADHS, Legasthenie, Lernschwäche oder sonst was nach. In meinem Leben wurde ich als arrogantes Arschloch, aber auch als Engel

bezeichnet, manchmal war es mir egal, manchmal traf es mich sehr. Wir können ja nicht von der ganzen Menschheit verlangen, dass sie uns erkennt respektive einfach so nimmt, wie wir sind.

Das Wichtigste ist jedoch, dass wir selbst uns so annehmen, wie wir sind. Ja, und genau aus diesem Grund ist die Arbeit mit dir, damit auch du dich möglichst finden kannst, für mich sehr wertvoll und erfüllend. Viel mehr noch, es ist ein wunderschönes Geschenk, mit einer solch wunderbaren, speziellen und wertvollen Seele zu arbeiten, der Seele, die in dir zu Hause ist. Du konntest es nicht sehen, J., aber ich durfte vor Freude weinen, als meine Hände dich berührten! Du kannst dir nicht vorstellen, was für ein schönes, erfüllendes Gefühl mich heimsuchte, als ich deine Seele berührte. Es ist das Gefühl des Nach-Hause-Kommens!

In diesem Sinne möchte ich dir für dein Sosein danken und möchte allen Lesern von «Zappel ist gestorbt» dieses Gefühl, diese Erfülltheit wünschen, erkannt und angenommen zu werden. Ich möchte der Menschheit aber auch wünschen, uns so zu nehmen, wie wir sind. Ich wünsche jedem Menschen, nach Hause zu kommen.

In Licht und Liebe, bei aufgehender Mondsichel über dem wunderschönen Zürichsee, bei einem roten Abendhimmel, wie ihn der beste Künstler nicht hätte malen können.

Christian

Rapperswil-Jona, 15.Oktober 2007

Schlusswort zum Zweiten, Vollmond, Mittwoch, 12. Oktober 2011

Ja, aber jetzt, das letzte Schlusswort in diesem Buch, versprochen! Manchmal kommt es anders, als man denkt. So bekam dieses Buch in den letzten vier Jahren ein vollkommen neues Gesicht, aus «Über den Wolken» wurde «Zappel ist gestorbt». Es wurde soweit als möglich alles aus dem Buch gestrichen, das auf ein Klischee hinauslief. Ich hoffe, dass es dich in dieser Schlussfassung näher an uns herangebracht hat, respektive, dass «wir» sensitiven Menschlein uns besser verstehen können. In dieser Zeit, vom Anfang dieses Buches bis heute, hat sich sehr viel geändert. Das Wichtigste aus meiner Sicht als Autor ist, dass ich all meine Bücher im eigenen Goldfeder Verlag selbst herausgebe. So ist meine freie Meinungsäusserung und meine Ansicht, wie ein Buch sein darf oder soll, immer gewährleistet. Es gibt mir dadurch auch die Möglichkeit, mit jedem Buch das Hörbuch kostenlos als Geschenk mitzuliefern. Dies ist mein eigener Beitrag an all diese Erdbewohner wie ich, die kein Buch lesen können, es sich so zu Ohre zu führen. Wirtschaftlich gesehen der grösste Blödsinn, den man machen kann als Verleger, doch dies ist mir einmal mehr schnurzpiepegal. Erhört und verstanden zu werden, steht in meinem Verlag im Vordergrund!

Ach ja, das habe ich noch fast vergessen … Mein Sohn Jean-Marc erlebte in diesen 4 Jahren seit Erscheinen der ersten Fassung auch noch seine kleinen Müsterchen. Diese Müsterchen alleine würden wieder ein Buch füllen, ja leider!

Doch ich will dir, lieber Leser, liebe Leserin, dies nicht mehr zumuten, sondern beschränke es auf eine Superkurz-Form.

Nach all den Ereignissen in der Mittelstufe (4. bis 6. Klasse) entschlossen wir uns, Jean-Marc in eine Privatschule zu schicken, damit er dort die 6. Klasse nachholen und die Lücken, die durch all diese Ereignisse entstanden waren, schliessen konnte. Wir suchten die IWW Wetzikon aus, da uns versprochen wurde, dass der Unterricht dort, im Sinne einer sogenannten Individualbeschulung, auf das einzelne Kind abgestimmt werde. Schon nach kurzer Zeit stellten wir jedoch fest, dass es keinen auf den Schüler abgestimmten Unterricht gab. Nach unserem Nachfragen bekamen wir die Antwort: «Doch, das gibt es schon, nur in dieser Vorbereitungs-Klasse für die Oberstufe nicht …» Kurze Zeit später bekam die Schule zwei neue Schnupper-Schüler, daraufhin wurde Jean-Marc nahegelegt, die Schule zu verlassen, da sonst die zwei neuen nicht kommen würden … Also wurde er durch zwei zahlende Schüler aus der Schule gewiesen! Ja, verrückt, doch eine Privatschule kann das, da sie keine Beschulungspflicht hat … Mit Schulbehörde und Schulpsychologischem Dienst wurde eine Tages-Spezialschule vorgeschlagen. Die Kosten, ca. 70 000.– Fr. pro Jahr, wurden von der Schulgemeinde übernommen, da man Jean-Marc nicht in der Regelklasse sehen wollte. Ja, so besuchte er diese Schule. Nach kurzer Zeit wurde wiederum festgestellt, dass er dort völlig unterfordert war. Wenig später scheiterte auch dies …

Man beschloss, wiederum nach vielen aufwendigen Sitzungen mit Schulbehörde, Schulleitung, Psychiaterin, Sozialpädagogin, Schulleiter und vielen mehr, dass er das 7. Schuljahr nun doch in der normalen Regelklasse (Sekunderschule B) in Rapperswil besuchen darf (natürlich nicht ohne Auflagen!). Dies gefiel allen sehr, vor allem auch Jean-Marc, der in der Zwischenzeit jeden sozialen Kontakt zur Wohngemeinde und seinen Kollegen verloren hatte. Es folgten wöchentliche Sitzungen mit Lehrer und Sozialpädagogin. Nach einer Zeit wiederum fragte der Lehrer, ob Jean-Marc nicht in die Sekundarschule (Sekundarschule A) wechseln wolle, er hätte alles dazu … Doch dies hätte geheissen, dass er wieder ein Jahr verlieren würde, das wollten er und wir nicht. Ja, dann … Nach einer Schneeballschlacht, die in eine Keilerei ausartete und an der Jean-Marc beteiligt war, da er angegriffen wurde, drehte sich das Blatt wieder … Und so holte man all die alten Geschichten wieder hervor und begründete alles damit, dass es halt doch nicht gehe… Er wurde wegen dieser Schlägerei als kriminell abgestempelt und von der öffentlichen Schule gewiesen! Ohne Lösung … Wir haben dann nicht wieder weiter gekämpft, denn die Schulbehörde ist in einem solchen Fall immer am längeren Hebel. So wurde wieder eine Privatschule gesucht, gefunden in Schindellegi. Ja, so war alles wieder «gut». Doch drei Monate vor Schulende musste die Privatschule Konkurs anmelden … Ich versuchte vorher noch, zusammen mit einem anderen Vater, die Schule mit finanziellen Mitteln zu retten. Doch es gelang uns leider nicht … Gute Lehrer sind keine guten Unternehmer, leider … Wieder zur Schulbehörde … Es wurde vorgeschlagen, dass Jean-Marc in eine Sonderschule gehen oder aber einfach überhaupt nicht mehr zur Schule gehen solle, da er bereits eine Lehrstelle als Maurer im Sack hatte. Aber wir bestanden vehement darauf, dass er nicht ein Fall für die Sonderschule sei, sondern das Recht auf eine angemessene Schulbildung und einen ausgewiesenen Schulabschluss habe. Wir schlugen eine Einzelbeschulung mit einem Praktikum beim zukünftigen Lehrbetrieb vor. Wir suchten auch Lehrpersonen, welche die Kapazität gehabt hätten. So fanden wir, äh … die Schulbehörden fanden eine Lösung … Egal … Jean-Marc arbeitete voller Tatendrang drei Tage die Woche im künftigen Lehrbetrieb und besuchte zwei Tage den Einzelunterricht in der Schulgemeinde Rapperswil-Jona … «Danke, Herr Schulpräsident, für diese, äh, Ihre Lösung …!»

Und so wurde Jean-Marc aus der öffentlichen Schule mit einem Abschluss festlich verabschiedet … Heute ist Jean-Marc völlig aufgestellt in der Ausbildung zum Maurer, und er will sich nach der Lehre zum Polier oder Bauführer weiterbilden, und … er macht seinen Weg. Er sagte einmal mit funkelnden Augen «Weisst du, Papi, dort kann ich mich sein …!!! Und alle mögen mich, so wie ich bin …»

«Jean-Marc, ich bin stolz auf dich!! Auch wenn ich dich manchmal am liebsten auf den Vollmond geschossen hätte, weil du genau das gelebt hast, was ich zu meiner Schulzeit hätte leben wollen!»

Liebe Leserin, lieber Leser

Wir haben das Recht auf eine angemessene Schulbildung. Es werden Heilpädagogen ausgebildet (gesetzlich verankert) und Kindern zur Verfügung gestellt, SUPER! Allerdings werden sie nur bei Minderheiten eingesetzt, z. B. bei Immigranten, die schlecht Deutsch sprechen, schlecht erzogen wurden oder einen IQ von weniger als 80 haben … Sie werden leider nicht für uns eingesetzt! Für Kinder mit ADS oder ADHS sowie Legastheniker, sensitive Kinder, Indigos oder Hochbegabte gibt es nur die Ritalin-Box, wenn sie zu zappelig sind …

Etwas zum Nachdenken …

Ein Zeitungsbericht vom November 2014

Der von «Beobachter TV» in ziemlich larmoyantem und anklägerischem Ton rapportierte Fall eines Hilfsarbeiters aus Dürnten, der vom Steueramt jahrelang massiv zu hoch eingeschätzt worden war, hat medial hohe Wellen geworfen. Unter Titeln wie «Gemeinde Hinwil/Dürnten treibt Hilfsarbeiter in den Ruin» berichteten verschiedene Medien über den Mann, der als Hilfsarbeiter rund 60 000 Franken verdient, dessen steuerbares Einkommen vom Steueramt aber auf mehrere 100 000 Franken geschätzt worden war. Im Jahr 2000 war ihm noch eine Steuerrechnung über 3243 Franken ins Haus geflattert, 2008 betrug diese dann bereits 30 570, ein Jahr später 56 516 und 2010 exakt 72 098 Franken. Einen Sprung in die Höhe machten die Steuerrechnungen gemäss seinen Angaben, als er für 720 000 Franken Land verkaufte: der Gemeinde Hinwil/Dürnten für ein Feuerwehr-Projekt.

Die Crux an der Sache: Der Mann, der von seinen Grosseltern Land und ein grosses Haus geerbt hatte, hat aus Überforderung in über 20 Jahren nie eine Steuererklärung eingereicht, die immer höher werdenden Steuerrechnungen bis vor kurzem aber stets bezahlt. Sämtliche Fristen für Einsprachen liess er ungenutzt verstreichen.

Weil der Mann seine Rechnungen schliesslich doch nicht mehr bezahlen konnte, wurde er betrieben. Seither steht ihm eine Treuhänderin zur Seite, die die letzte Steuerrechnung auf 3200 Franken korrigieren konnte. Nicht mehr anpassen lassen sich wegen der verpassten Fristen hingegen die Rechnungen der vergangenen Jahre. Allein für das Jahr 2011 müsste der Hilfsarbeiter noch über 100 000 Franken nachzahlen. Dieser Hilfsarbeiter hatte über die Jahre 380 000 Franken zu viel Steuern bezahlt!

Warum hat dieser Hilfsarbeiter nie eine Steuererklärung eingereicht? Dieser Hilfsarbeiter ist Legastheniker, hat dementsprechend grosse Mühe mit Papierkram und füllte nie eine Steuererklärung aus. Aus diesem Grund wurde er Jahr für Jahr von der Gemeinde Dürnten eingeschätzt – mit fatalen Folgen. Ging die Gemeinde im Jahr 2000 noch von einem steuerbaren Einkommen von 36 000 Franken aus, erreichte die Einschätzung für das Jahr 2012 einen Betrag von 480 000 Franken.

Aus Scham und Überforderung, sich wegen seiner Lese- und Schreibschwäche blosszustellen, wehrte der Mann sich nicht gegen die Einschätzungen. Erst als er nun 9000 Franken pro Monat für Steuern zahlen sollte, bei einem Einkommen von 5000 Franken, bat er eine Treuhänderin um Hilfe. Diese regelte diese Angelegenheit für ihn und brachte den ganzen Fall ins Rollen. Das grosse Medienecho brachte das ganze Dorf in Kampfstimmung, und die Bewohner standen für diesen Legastheniker an der Gemeindeversammlung auf.

Die Wohngemeinde muss ihm nun die zu viel verlangten Steuern mit einer Schenkung zurückzahlen!

VOLLMOND IM KIND

Ich setz mich hin, ein Gedicht beginn'
Mitten in der Nacht der Vollmond lacht
Der Schnee spiegelt das Licht
Inspiration erhellt mein Gesicht
In der Seele eiskalt
Liebe fehlt, wo machte sie halt
In meiner Seele Schmerzen geballt
Nur Leere widerhallt
Ein Lichtstrahl durchschlug die Wände
Licht und Liebe schrieb sogleich Bände
Kinderaugen erblickten die Leere
Sie durchbohrten meine kalte Seele
Gott gab ihnen Liebe, Gott gab ihnen Licht
So kam meine Seele zu Liebe, zu Licht
Hätt' ich gedacht, dass so einfach es ist

Hätt' ich geschrieben viel früher ein Gedicht
Jahrzehnte alt musste ich werden
Anzunehmen Liebe und Licht auf Erden
Tragen werde ich sie heute in mir
Schenken werde ich sie morgen dir
Gott wünscht, dass du sie verbreitest
Kalten Seelen Freude bereitest
Schau an den Himmel zu Vollmond
Sieh die Pracht, die dort oben thront
Nimm sie zu deinem Eigen
Die Seele wird sich beugen
Ich liebe mich, so banal es tönen mag
Liebe dich und sei Licht
Dass schliessen kann das Vollmond-Gedicht

11.01.2015

Eigentlich sollte dieses Buch schon lange auf dem Markt sein. Doch meistens kommt es anders, als man denkt …

Warum ich es so lange liegen liess, war mir auch nicht ganz klar. Ja, sicher, ich hatte fast keine Zeit mehr, mich um neue Bücher zu kümmern. Meine Praxis ist seit Jahren vollkommen ausgebucht. Immer mussten, durften Anpassungen gemacht werden. Mittlerweile durfte ich mit über 8000 Klienten arbeiten. Die Arbeit mit Spitzensportlern bestätigte sich mit Weltmeistertiteln und Olympia-Teilnahmen in Sotschi im Jahr 2014.

Privat durfte ich eine wunderbare Frau heiraten, die mich und meine Arbeit voll und ganz versteht und auch so arbeitet wie ich. Mägi stärkt mir in der Praxis den Rücken, damit ich mich voll und ganz auf meine Arbeit konzentrieren kann. «Danke, dass du da bist, ich liebe dich in deinem Sosein!»

Mägis Arbeit in ihrer eigenen Praxis kam dadurch etwas zu kurz, was sich aber auch einmal ändern wird. Okay, es ist auch nicht immer ganz einfach, ein Gegenüber zu haben, mit dem man eigentlich nicht reden müsste, weil die Gedanken schon vorher angekommen sind … Das war auch für mich sehr gewöhnungsbedürftig … Ich durfte mich daran gewöhnen, eine Ehefrau zu haben, auf die fast alle Beschreibungen aus diesem Buch zutreffen.

Meine Praxis befindet sich seit 2013 nicht mehr in Rapperswil-Jona, sondern direkt am Zürichsee, beim Hafen in Männedorf, mit viel Wasser und Weitsicht von der Arbeit aus.

Die Bücher werden auch sehr gut verkauft. Ja, rundum eigentlich, auch materiell, ein wunderbares, gesichertes, glückliches Leben …

Oder musste dieses Buch noch warten, bis sich die folgenden Geschichten von zwei sensitiven Jungs in ihrem Abenteuer Leben ereigneten? Egal, es wird das Letzte sein, das in diesem Buch stehen wird …

11.01.2015

Ein kleiner fröhlicher Junge

Es war einmal ein kleiner, fröhlicher Junge. Er konnte kein Wässerchen trüben, war dabei immer voller Tatendrang und Lebensfreude, ein Bewegungskünstler und eben ein Zappelphilipp von der Sorte, wie ich sie in diesem Buch beschrieben habe. So manche Würmer hatte er manchmal in der Hosentasche, weil er sie «retten» wollte. Schon als er noch kaum gehen konnte, kletterte er auf alles hinauf, auch wenn er dann nicht mehr runterkam. Seine stahlblauen Augen funkelten, dass man ihm immer alles verzeihen musste, durfte. Ja, bis er in die Schule kam …

Da fingen die Probleme an. Er mogelte sich durch diverse Schulen, von der normalen öffentlichen Schule bis hin zur Sonder- und Privatschule. Ein verrücktes Leben. Mit etwa 13 Jahren, in einer Sonderschule, lernte er eine andere Welt kennen. Er fing an zu rauchen und konsumierte Cannabis. Erst nur mal ab und zu am Wochenende, dann regelmässig. Den Schulabschluss schaffte er auf Umwegen. Eine Lehrstelle bekam er problemlos, da er ein sehr starkes Charisma hat. Die Theorieprüfung für den Führerschein schaffte er auf Anhieb, trotz Legasthenie, dank vielem Lernen mit einer speziellen App. Bei der praktischen Fahrprüfung fiel er beim ersten Mal durch, im zweiten Anlauf, mit sehr viel Üben, schaffte er sie.

Bei der Lehrabschlussprüfung fiel er durch – nicht etwa in der Theorie – dafür hatte er nämlich sehr fleissig gelernt –, nein, in der Praxis. Er hatte zu wenig Zeit, seine Arbeiten zu machen, weil er sich am Anfang zu stark auf die auszuführende Arbeit eingestellt und die Zeit vergessen hatte. Ja, er träumte eben irgendwie vor sich hin. Das hiess, die Lehre um ein ganzes Jahr zu verlängern und die Prüfung nochmals zu machen.

Dann kam das Militär, okay, am Aushebungstag war er einfach sehr ehrlich zu den Militärmenschlein. Er erzählte seine ganze Lebensgeschichte, samt Drogenkonsum. Er war einfach viel zu ehrlich und zu redselig. Er konnte nie lügen, verpfiff aber wiederum nie einen Kollegen. Dann kam der Bescheid vom Militär: dienstuntauglich … Es wurde aufgeführt, was er diesen Leuten erzählt hatte. So durften er und die Eltern lesen:

- Früher waren Sie im Besitz eines Schlagstocks
- Seit den Sommerferien 2013 haben Sie insgesamt ca. 15 Mal Kokain konsumiert
- Seit den Sommerferien 2013 haben Sie zweimal MDMA konsumiert. Beim zweiten Versuch hat es Sie gemäss eigenen Aussagen «voll verbäset».
- Im Alter von 14 oder 15 Jahren haben Sie mit dem Konsum von Cannabis begonnen und anschliessend wiederholt Cannabis konsumiert. Gemäss Ihren Aussagen haben Sie beispielsweise in den Sommerferien «sehr viel gekifft». Im Zeitraum von Januar bis April 2014 haben Sie ca. einen Joint pro Tag geraucht.

In den Monaten Mai bis Juni 2014 haben Sie ca. einen Joint unter der Woche und ca. 3 Joints an den Wochenenden konsumiert. Pro Monat geben Sie ca. CHF 200 für den Erwerb von Cannabis aus. Für diesen Betrag erhalten Sie 16 bis 17 Gramm Cannabis.

– Sie haben in Vergangenheit versucht, Ihren Cannabiskonsum einzustellen. Dies ist Ihnen jedoch nicht gelungen.

Ja, es ist zu verstehen, dass es nicht möglich ist, einem solchen jungen Mann eine persönliche Waffe für den Militärdienst auszuhändigen. Okay, so weit, so gut.

Dann kam der Tag, der kommen musste. Die Polizei passte ihn an einem Abend ab und unternahm einen Drogentest. Fazit: für mindestens 6 Monate keinen Fahrausweis …

Ja, da kann man sich denken, dass dann für diesen jungen Mann wirklich die ganze Welt zusammenbrach. Er sah ein, dass er am tiefsten Punkt seines Lebens angelangt war. Er hatte durch seine grossen Schulprobleme angefangen zu kiffen, damit er wenigstens in der Freizeit etwas in seiner Welt sein konnte. Er gehörte bei den anderen Jungen dazu, da viele seiner Kollegen auch kifften. Ja, so hatte er Freunde.

Nach wenigen Wochen realisierte er, was er durch die ganzen Schulprobleme und das Kiffen verpasst hatte. So hörte er von einem Tag auf den anderen auf, Drogen zu konsumieren!

Lieber Leser, liebe Leserin, diesem Jungen stehe ich persönlich sehr nahe! Ja, es ist die Geschichte meines Sohnes Jean-Marc, über den du schon weiter vorne im Buch gelesen hast. Du denkst jetzt sicher: «Warum hat Christian das nie erkannt?» Doch, obwohl mein Sohn nicht bei mir aufgewachsen ist, wusste ich fast alles, respektive konnte es erahnen. Wie ich in diesem Buch mehrmals geschrieben habe, kann man ein solches Kind nicht erziehen, und schon gar nicht mit Autorität. Ich habe ihm immer zu spüren gegeben, dass ich ihn annehme in seinem Sosein! Ich wusste, dass er seinen Weg gehen würde! Ich glaubte immer an ihn, auch wenn es noch so grosse Probleme gab!

Ich hatte immer Kontakt zu ihm, obwohl ich zu meinen schlechten Zeiten fast nie die Möglichkeit dazu hatte, da ich kein eigenes Zuhause hatte.

Das SMS vom Abend, an dem er in die Polizeikontrolle geriet, werde ich nie vergessen. Nachts um 1 Uhr schrieb er mir: «Papi, ich habe Riesenscheisse gebaut, ich muss mit dir reden ...»

Ja, so kann eine Geschichte, ein Leben sein. Er sagte immer, wenn etwas war: «Das isch de Läbe ...» (Das ist das Leben ...) Wir haben viel über das Ganze geredet, er verschonte mich auch nicht mit Einzelheiten. Er kann heute alles als Chance ansehen, sein Leben in den Griff zu bekommen. Wir haben auch beschlossen, über seine ganze Schulgeschichte und die Drogen ein Buch zu schreiben. Er war sehr erleichtert über diesen Vorschlag von mir. Das Buch wird «Ausstieg vom Abstieg» heissen.

Auch wenn Jean-Marc sehr gerne in den Militärdienst gegangen wäre, um seine Grenzen kennen zu lernen (er wollte auch zur härtesten Truppe): Er erkannte, dass alles so sein musste. Es musste auch sein, dass das Militär eine Meldung an die Polizei machte, auch wenn dies so bestimmt bestritten würde. Es hatte seine positiven Seiten. Er bekam durch die grossen Rückschläge und seinen persönlichen Tiefpunkt wieder die Chance, sich neu kennen zu lernen. Er sagte auch: «Papi, ich spüre jetzt, was ich alles verloren und nicht durchlebt habe. Ich habe mich damals in der Schule ausgeklinkt, habe kaum noch Erinnerungen an die Schulzeit. Es ging alles an mir vorbei, als wäre es ein Filmriss gewesen. Heute habe ich fast keine Freunde mehr von der Kifferszene. Als ich aufgehört habe, mieden sie mich. Ich habe andere Freunde gefunden.»

Und so glaube ich immer noch an Jean-Marc, er wird seinen Weg gehen!

Ich denke oft zurück an die Zeit, als ich vor Jahren (2003-2006) nichts mehr hatte, kein Bett, kein Geld, keine persönliche Ehre, keine gute Gesundheit, keine Krankenkasse etc. Ja, aber ich glaubte einfach an mich und meinen Weg! So glaube ich an jeden Menschen und seinen Weg, egal wie er ist. Das ist das grösste Geschenk, das man einer Menschenseele geben kann: die Akzeptanz und den Glauben an sich selbst.

Ach ja, da war noch ein anderer Junge ... Wie es so ist, wurde ihm in der Schule Ritalin verabreicht, damit er sich wenigstens ein bisschen konzentrieren konnte. Ich bin ja überhaupt kein Freund solcher Lösungen. Ja, so musste er auch einmal ins Militär, respektive zur Aushebung. Auch er wurde nicht zum Militärdienst zugelassen, weil er zu ehrlich war und sagte, dass er während der Schulzeit Ritalin genommen hatte. Man sagte, dass er mit Spätfolgen rechnen müsse wegen den Medikamenten, er sei eine tickende Bombe ...

Ja, dann hatte er die Fahrprüfung, trotz Prüfungsangst, irgendwann mal bestanden. Und wie ein solcher Junge halt ist, fuhr er zweimal zu schnell. Mit dem Führerschein auf Probe hiess das, ein Jahr zu warten und dann wieder von vorne zu beginnen. Er musste dann auch bei einer Verkehrspsychologin einen Persönlichkeitstest machen. Dort war er eben auch zu ehrlich und sagte, dass er während der Schulzeit Ritalin genommen hatte. Ja, er durfte ja nicht lügen ... Es wurde ihm die Fahrerlaubnis verweigert, respektive das Wiederholen der Fahrprüfung untersagt, weil er keinen Arztbericht hatte, der aussagte, dass die Ritalinsache erfolgreich abgeschlossen war ...! So musste er während sechs Monaten zuerst regelmässig zu einem Verkehrspsychologen und dann einen abschliessenden Bericht vorweisen, der belegte, dass er für den Strassenverkehr tauglich sei ... Ja, so werden einem im Nachhinein Steine in den Weg gelegt, wenn man Ritalin eingenommen hat, obwohl ja immer alle sagten, das gibt keine Probleme und keine Spätfolgen … Man will einfach ruhige Schüler, aber was mit denen später im Leben geschieht, interessiert niemanden. Aus den Augen, aus dem Sinn – liebe Schulbehörden, Psychiater und Psychologen!

Fast habe ich es vergessen, auch diese Person steht mir sehr nahe! Es ist mein ältester Sohn! Okay, auch da wirst du jetzt sagen: Warum hast du zugelassen, dass er Ritalin genommen hat? Eine berechtigte Frage! Ich wusste es zuerst nicht. Ich war zu dieser Zeit mit der Mutter meiner Kinder in Scheidung. Sie dachte, sie wolle dies alleine regeln … ja, und ich hatte auch noch nicht dass Wissen von heute. Als ich es dann erfuhr, wollte niemand das Ritalin absetzen, meine Ex-Frau schon gar nicht, ich war machtlos … Ich hatte das Sorgerecht nicht …

Es gab damals eine Situation, die ich für den Rest meines Lebens nicht mehr vergessen werde: Als ich meinen Sohn einmal von der Schule abholte, war er wie ferngesteuert, hatte einen Röhrenblick, nahm seine Klassenkameraden kaum mehr wahr, als er über den Schulhof lief. Aber auch mein ältester Sohn geht heute seinen Weg, und ich glaube an ihn!

Liebe Leserin, lieber Leser, es gäbe eigentlich noch viel zu schreiben, aber irgendwann muss ein Buch seinen Schluss finden.

Ja, so hatte das Buch vor 10 Jahren seinen Anfang und findet heute, nach diversen Überarbeitungen, sein Ende.

Ach, dass ich auch so lange gezögert habe, dieses Buch herauszugeben … Es wird wieder hohe Wellen schlagen … Ich werde wieder viele Anmeldungen bekommen, infolge derer ich mit diesen wunderbaren Seelen arbeiten darf, was mich auch sehr freuen wird. Doch, liebe Eltern, bitte seid euch bewusst, dass ich all die Probleme mit dieser Spezies kenne und schon tausendfach zu Ohren bekommen habe. Aber ich kann euer Kind nur an der Hand nehmen - ohne Worte und Diskussionen und Empfehlungen, wie ihr mit den Schulbehörden umgehen sollt. Ich mache keine persönlichen Gespräche, ich arbeite nonverbal, wie schon beschrieben. Auch besteht eben die Bedingung, dass ich immer auch mit mindestens einem Elternteil arbeiten will. Sonst arbeite ich nicht mit einem Kind - ich weiss, warum, und möchte das nicht mehr weiter ausführen. Danke, liebe Eltern, für euer Verständnis!

Doch du kannst etwas für diese wunderbaren Wesen tun: Glaube an sie, nehme sie an und lerne sie zu lieben, so wie sie sind, in ihrem Sosein. Danke!

Sind diese Kinder erwachsen, bist du als solches Wesen schon erwachsen, stell dich vor den Spiegel und sage 1000-mal laut zu dir: «Ich glaube an mich und meinen Weg, ich liebe mich.» – Tschüss, Christian

Als ich diesen Schluss schrieb, erreichte mich ein E-Mail:

Lieber Christian
Ich weiss nicht, wie ich beginnen soll... Es ist so viel.
Zuerst einmal wünsche ich dir und den beiden lieben Damen in der Praxis und all euren Liebsten ein glückliches 2015 ...and many more!
Nun versuche ich mich kurz zu fassen: Mein Sohn und ich haben dich insbesondere wegen der Bettnässergeschichte aufgesucht. Das Bettnässen hat sich stark verbessert! Danke für deine Hilfe!
Schon damals hatte mein Sohn in der Schule «Probleme». Die Situation ist nun völlig ausgeartet! Ich komme überhaupt nicht klar mit all den Leuten (den Schulpsychologen, der Schulleitung, der Schulpräsidentin), welche nun eingeschaltet sind und alles besser wissen und bestimmen.
Sie wollen, dass mein Sohn zu einem Psychotherapeuten geht. Sollte sich danach die Situation nicht bessern, wird er von der Schule gewiesen. Sie haben ihn bereits einmal von der Schule gewiesen, weil er sich nicht an alle Regeln gehalten hatte (er hätte den Unterricht gestört, nicht alles Material dabei gehabt, Anweisungen der Lehrperson nicht befolgt).
Die Schule ist überhaupt nicht optimal. In vielen Punk-

ten verstehe ich sehr gut, dass er sich sträubt oder wehrt oder sich nicht konzentrieren kann. Das Grundproblem ist, dass er sich besser unter Kontrolle haben sollte, sich organisieren, auf etwas fokussieren und vorwärts machen sollte – nicht träumen.
Er sagt selber, dass er oft merkt, wie er abschweift und in seine Traumwelt geht. Er kann diesen Moment genau beschreiben, sich aber nicht zurückhalten vor dem «Tagträumen»...
Infolge seiner extremen Verträumtheit und der Antriebslosigkeit für Sachen, die gemacht werden müssen, auch wenn er nicht will, habe ich mit seinem Arzt betreffend ADHS gesprochen. Es könnte sein, dass er es hat, ich möchte ihn jedoch nicht abklären lassen, da unser Kinderarzt sagte, eine Abklärung würde nur etwas bringen, wenn man Ritalin verabreichen wolle. Für mich ist klar, dass wir ohne Medikamente eine Lösung dieses «Problems» finden müssen – egal, ob er ADHS hat oder nicht. Deshalb habe ich keine Abklärungen gemacht. Ich möchte auch nicht, dass er sich darüber Gedanken macht, ob er ADHS hat oder nicht, weshalb ich ihm nichts über meine Gedanken zu ADHS erzählt habe. Ich möchte auch nicht, dass du oder die beiden Damen dies vor ihm erwähnen.
Meine Frage nun an dich:
Ich habe das Gefühl, dass der Psychotherapeut, welchen wir von der Schule aus nehmen müssen, gar nichts bringen wird... sondern uns nur wieder Zeit frisst, von der wir sowieso schon zu wenig haben... In der Schule habe

ich gesagt, dass ich, wenn schon, selber einen Therapeuten aussuchen werde. Von einer Bekannten wurde mir empfohlen, mit meinem Sohn zu einem Arzt zu gehen, der Neurofeedback macht. Dürfte Noan Neurofeedback überhaupt machen, während er bei dir in Behandlung ist? Hast du eine Eingebung von deinen Kumpels ;-) bezüglich Neurofeedback-Psychotherapie?
Wir vertrauen dir, Christian, und möchten im Moment eigentlich gar keinen weiteren Therapeuten zuziehen und keine anderen Behandlungen machen – von der Schule werden wir aber zu etwas «Krankenkassenanerkanntem» gedrängt, resp. zu Psychotherapiestunden verdonnert…

Ich sitze hier und weine … Es schnürt mir richtiggehend die Gurgel zu … Irgendwie kommt eine riesengrosse Wut in mir hoch… Und doch fühle ich mich bestätigt in meinem Tun, auch mit diesem Buch …

Dieser Mutter eines 15-jährigen bekannten Fussball-Talentes kann ich nur dieses Manuskript als Antwort in die Hand drücken. Ja, sie ist auch eine alleinerziehende Mutter. Sie ist hilflos gegen die Schule und die Behörden.

Darüber hinaus noch folgende abschliessenden Worte:

- Jedes Kind hat in der Schweiz ein Anrecht auf eine angemessene Schulbildung. (Allgemeine Erklärung der Menschenrechte, Art. 26 Abs. 1: «Jeder hat das Recht auf Bildung. Die Bildung ist unentgeltlich, zum mindesten der Grundschulunterricht und die grundlegende Bildung.) Die Ausbildung muss den Fähigkeiten des Kindes entsprechen!
- Kann eine Schulgemeinde eine solche Ausbildung nicht anbieten, muss sie dafür besorgt sein respektive die Kosten dafür tragen.
- Bundesverfassung: In der Schweiz sind gemäss Art. 62 Abs. 1 der Bundesverfassung die Kantone für das Schulwesen zuständig. Deshalb ist das Schulwesen in speziellen kantonalen Erlassen geregelt (Schulgesetze etc.). In diesen kantonalen Gesetzen finden sich denn auch spezielle Bestimmungen, welche die Integration von Kindern und Jugendlichen mit Be-

hinderungen in die Grundschule betreffen.
Die Bundesverfassung gibt den Kantonen für die Regelung des Schulwesens aber gewisse Vorgaben, die sie zu beachten haben.
Zentral ist insbesondere Art. 19 der Bundesverfassung. Er gewährleistet einen ausreichenden und unentgeltlichen Grundschulunterricht für alle Kinder und Jugendlichen in der Schweiz.
Ausserdem haben sich die Kantone bei der Ausgestaltung des Grundschulunterrichtes an das Diskriminierungsverbot von Art. 8 Abs. 2 der Bundesverfassung zu halten. Das bedeutet, dass Kinder wegen ihrer Behinderung im ganzen Grundschulbereich nicht benachteiligt werden dürfen, es sei denn, es gebe triftige Gründe für eine Ungleichbehandlung.

- Es steht keinem Menschen und keiner Behörde zu, einem Kind den Medikamentenkonsum vorzuschreiben! Das entspricht nicht den Menschenrechten!
- Der Konsum von Medikamenten wie Ritalin, Strattera, Concerta etc. verändert den Charakter eines Menschen! Die Entwicklung wird gestört und es bleiben Spätfolgen.
- Alleinerziehende Eltern sollten zu Schul- und Behördenbesprechungen immer eine Begleitperson dabei haben, die sie bestärkt und zum Wohle des Kindes unterstützt.
- Es steht keiner Schulgemeinde oder Behörde zu, Drohungen auszusprechen.

— Das Wohl und eine respektvolle Behandlung von Kindern und Jugendlichen stehen immer zuoberst.

«Ich habe fertig …»

Und jetzt ist endgültig Schluss …
20. März 2015, Neumond und … Sonnenfinsternis!!

Danke sagen möchte ich …

… all denen, die an mich geglaubt haben, aber auch all denen, die es nicht taten – sie haben mich motiviert, ihnen das Gegenteil zu beweisen. Ich darf den Flug nach Hannover nicht verpassen. Tschüss, bis zum nächsten Buch!

«Gehen wir einen Weg nicht, werden wir nie wissen, ob es der richtige ist …»